KB275802

그 유물, 진짜로 봤어?

철수와영희 손에 잡히는 박물관 시리즈 1

그 유물, 진짜로 봤어?

제1판 제1쇄 발행일 2025년 10월 18일

글 _ 박찬희, 배성호
기획 _ 책도둑(박정훈, 박정식, 김민호)
고양이 캐릭터 _ 홍윤표
디자인 _ 이안디자인
펴낸이 _ 김은지
펴낸곳 _ 철수와영희
등록번호 _ 제319-2005-42호
주소 _ 서울시 마포구 월드컵로 65, 302호(망원동, 양경회관)
전화 _ 02) 332-0815
팩스 _ 02) 6003-1958
전자우편 _ chulsu815@hanmail.net

ISBN 979-11-7153-037-3 43910

그 유물, 진짜로 봤어?

글 | 박찬희 · 배성호

철수와영희

[머리말]

박물관 속 유물과 친구 되기

교과서에는 우리나라 역사와 문화를 빛낸 유물이 많이 실렸어요. 그중에서 여러분은 어떤 유물이 기억나나요? 농사짓는 모습이 담긴 농경문 청동기, 경기 참가자의 아슬아슬한 순간을 그린 〈씨름〉, 베를린 올림픽에서 우승한 손기정이 받은 그리스 청동 투구. 곰곰이 생각해 보니 적지 않죠. 여리분은 이 유물을 보면서 역사가 어떻게 흘렀는지, 옛사람들은 무엇을 생각하며 어떻게 살았는지, 어떤 문화를 누렸는지 상상하고 추측할 수 있어요.

이런 점에서 옛사람들이 전해 준 유물은 우리를 과거로 안내하는 든든한 길잡이이자 옛날과 지금을 이어 주는 소중하고 고마운 다리예요. 때문에 여러분이 교과서를 펼쳐 유물을 보는 순간 그 시대로 들어가는 마법이 시작된답니다. 유물은 움직이지 않지만 여러분을 역사 속으로 이끄는 힘이 있어요.

여러분, 박물관을 방문했을 때 진짜 유물을 보고 깜짝 놀란 적이 있지 않나요? 눈앞에서 직접 봐서, 생각보다 커서, 예상보다 작아서, 너무 아름다워서, 생각지 못한 감동을 받아서…. 이유는 여러 가지이지만 모두 여러분의 눈으로 직접 보고 생각하고 느꼈다는 점은 같습니다. 교과서에서 사진으로 유물을 봤을 때와 박물관에서 실제로 봤을 때는 너무 다를 겁니다. 사진이나 영상으로 보던 연예인을 직접 봤을 때처럼요.

이 책에서는 박물관이 무엇을 하는 곳인지, 어떻게 하면 박물관 전시를 재미있게 볼 수 있는지 살펴봅니다. 여러분 가운데 박물관은 지루하고 낯설다고 여기는 사람도 있을 거예요. 그렇지만 '알고 보면 다르게 보인다'는 말처럼 조금만 알면 낯선 박물관이 어느새 여러분 곁으로 성큼 다가올 거예요.

　이 책에서는 여러분이 박물관에 대해 궁금해하는 점을 골라 같이 풀어 보려고 해요. '박물관은 왜 어두운 걸까?', '박물관인데 왜 진품이 아니라 복제품을 전시하는 걸까?' 같은 질문에 대한 답을 찾아볼 거예요.

　박물관의 요모조모를 알아본 후 본격적으로 박물관 여행을 떠납니다. 먼저 교과서 속 유물이 많은 박물관으로 갈 거예요. 우리나라의 대표 박물관인 국립중앙박물관을 시작으로 백제, 신라, 가야의 역사를 다룬 국립박물관으로 여행이 이어지죠. 유물에 대한 긴 이야기보다는 여러분이 알았으면 좋을 이야기를 짧게 들려주려고 합니다. 여행하는 동안 "이 유물에 이런 이야기가 있었네!"라며 놀라워할 거예요. 여행을 마치면 우리나라 역사 속 중요한 유물이 여러분 머리와 마음속으로 쏙 들어온답니다. 각 지역을 대표하는 박물관에서 여러분이 사는 지역의 역사와 유물을 보고 나면 여러분이 매일 생활하는 곳이 다르게 보일 거예요.

　이 책이 여러분의 발걸음을 박물관으로 이끌기를 기대합니다. 또 교과서에 소개된 유물을 찾는 알찬 보물 지도가 되었으면 좋겠고요. 박물관 속 유물에게 말을 걸어 유물에 생명을 불어넣는 마법사가 바로 여러분이기를 바랍니다.

　여러분, 이제 박물관에서 유물을 만날 준비가 되셨나요? 그럼 이제 즐겁게 떠나 볼까요.

박찬희, 배성호 드림

1.
박물관에서 즐거운 여행을 할 수 있다고요?

1 박물관은 무엇을 하는 곳인가요?

'박물관' 하면 어떤 생각이 드나요? 대개 역사나 과학을 떠올리는 경우가 많지요. 그런데 동물원, 수족관, 식물원, 미술관도 박물관이랍니다. 어린이들이 신나게 뛰어놀 수 있는 서울상상나라나 경기도 어린이박물관처럼 놀이터 같은 체험식 박물관도 있답니다.

2007년 국제박물관협의회(ICOM) 총회에서는 박물관을 이렇게 정의했어요.

"예술·역사·미술·과학·기술에 관한 수집품 및 식물원·동물원·수족관 등 문화적 가치가 있는 자료·표본 등을 다양한 방법으로 보존하고 연구하여, 일반 대중의 교육과 즐거움을 위하여 공개 전시하면서 사회에 봉사하는 영구적인 공공시설이다."

그런데 박물관의 사회적 역할이 커지고 지역 사회와 함께하는 프로그램이 많아지면서 2022년 국제박물관협의회 총회에서는 박물관을 새롭게 정의했습니다.

"유·무형의 유산을 연구, 수집, 보존, 해석 및 전시해 사회에 봉사하

프랑스 파리의 루브르 박물관.

는 영구적인 비영리 기관으로 대중에게 개방해 접근하기 쉬워야 하고 포용적이며 다양성과 지속 가능성을 촉진해야 한다. 박물관은 전문적이고 윤리적이며 지역 사회와 함께 운영하면서 교육, 즐거움, 성찰 및 지식 공유를 위해 다양한 경험을 제공하는 곳이다."

박물관은 단순히 유물을 모아 놓고 전시하는 곳만이 아니라 지역 사회와 시민들이 함께 만들어 가는 곳이라는 점을 강조한 것이에요. 최근 전 세계적으로 박물관은 놀이와 함께 시민들이 휴식을 취하고 다채로운 문화를 체험할 수 있는 공간으로 거듭나고 있거든요.

과거에는 주로 왕이나 절대 권력자들이 자신의 권력을 과시하기 위해 박물관을 만들었어요. 대표적인 사례로 프랑스의 '루브르

미국 워싱턴의 국립 아프리카계 미국인 역사 및 문화 박물관 실내 모습.

박물관'이 있어요. 하지만 프랑스 혁명 이후 이곳은 시민들에게 개방되면서 그 성격이 달라졌어요. 지금은 전 세계 사람들이 즐겨 찾는 명소로 손꼽히지요. 그렇지만 루브르 박물관을 비롯해 '영국 박물관'은 제국주의 시기 식민지를 정복하며 모은 유물들을 전시하고, 정작 자신의 유물을 돌려달라는 그리스, 이집트 등의 요청을 거부해 비판을 받고 있어요.

한편으로 최근에는 과거의 침략적이고 폭력적인 역사를 반성하고 새로운 미래를 만들기 위해 세워진 박물관도 있습니다. 바로 미국의 '국립 아프리카계 미국인 역사 및 문화 박물관'입니다. 이곳은 미국의 노예 제도와 아프리카계 미국인들의 역사를 다뤄요. 아프리카계 미국인들의 역사적 고통과 투쟁을 돌아보고, 과거의 잘못된 역사와 사회적 불평등을 반성하며 더 나은 미래를 향한

희망을 전달하고 있어요. 박물관이 과거의 유물과 역사만 전시하는 것이 아니라 더 나은 사회와 문화를 만들기 위해 함께하는 곳으로 거듭나고 있다는 것을 잘 보여 줍니다.

우리나라에도 이런 뜻깊은 박물관이 있습니다. 바로 '전쟁과 여성 인권 박물관'이에요. 이곳은 일본군 '위안부' 피해자들의 명예 회복과 미래 세대에게 물려줄 인권과 평화를 만들어 가기 위해 세워졌어요. 아이들에게 특별한 공부방을 만들어 주고 싶다던 할머니들의 꿈, 나와 같은 피해자가 다시는 없어야 한다는 할머니들의 바람 그리고 10년여 동안 박물관 건립을 위해 모금에 참여하고 뜻을 모아 준 수많은 사람들의 힘으로 소중한 박물관이 탄생했답니다.

서울 마포구의 전쟁과 여성 인권 박물관.

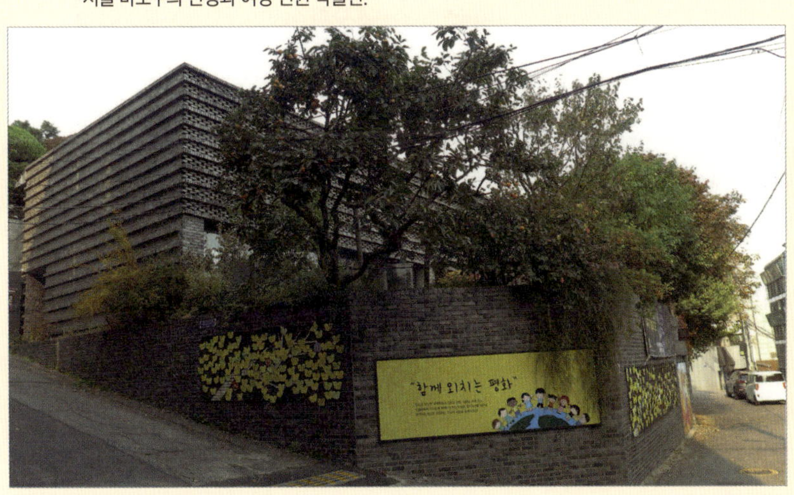

2 박물관에서 세계 여행을 할 수 있다고요?

박물관에 갈 때 어떤 생각이 드나요? 즐거울 수도 있지만 싫을 수도 있습니다. 무엇인가 공부해야만 할 것 같은 느낌이 들기 때문이에요. 과제나 공부를 위해 박물관을 찾는 것은 즐거운 일이 아니랍니다. 의무적으로 해야 하는 과제를 좋아하는 사람은 많지 않거든요. 하지만 여행이나 놀이로 박물관을 간다면 달라질 거예요. 박물관은 색다른 여행을 할 수 있는 공간이랍니다. 박물관에서는 새로운 체험을 하면서 특별한 만남을 열어 갈 수도 있거든요.

국립중앙박물관에는 디지털 실감 영상관이 있어요. 이곳은 마치 미술관으로 여행을 떠나는 것처럼 그림 속 장면이 전시관 가득 펼쳐집니다. 폭 60미터, 높이 5미터의 파노라마 스크린에서 펼쳐지는 초대형 영상을 보고 있으면 어느새 시간을 가로지르며 유쾌한 시간 여행을 하는 것 같거든요. 박물관에서는 이처럼 유물 전시만이 아니라 다채로운 방식으로 전시와 마주할 수 있답니다.

박물관에서는 다양한 나라의 문화와 역사를 만날 수도 있습니다. 고대 그리스·로마 전시를 비롯해 이집트, 중국, 일본, 중앙아시아, 인도, 동남아시아 등 세계 각 지역의 문화를 전시로 만날

국립중앙박물관의 디지털 실감 영상관 모습.

수 있기 때문이에요. 전시와 함께 문화 행사도 다채롭게 진행됩니다. 이런 행사에 참여하여 세계 여러 나라의 문화를 체험하다 보면 마치 해외여행을 하는 기분이 들어요.

박물관에서는 전시된 유물을 눈으로 보는 것에 그치지 않습니다. 복제품을 통해 옛날 의상을 직접 입어 보거나 놀이를 하는 등 흥미진진한 체험을 할 수도 있어요. 특히 어린이박물관에는 한번쯤 꼭 가 보면 좋겠어요. 이곳은 꼭 어린이만 가야 하는 곳이 아니에요. 대부분의 국립박물관에 마련되어 있는 어린이박물관에서는 이전 시대 사람들의 생활과 생생하게 마주할 수 있어요. 마치 과학수사대처럼 유물을 통해 과거 사람들의 생활을 분석해 볼 수

국립중앙박물관 3층에 있는 세계문화관의 고대 그리스·로마 전시실 모습.

도 있을 거예요.

　최근에는 유물을 보관하는 수장고를 개방하는 박물관이 늘고 있어요. 이곳에 가면 박물관에서 유물 보존을 위해 어떤 연구를 하는지 살펴볼 수 있고, 보존 과학자들이 유물을 되살리는 과정을 직접 체험해 볼 수도 있습니다.

3 박물관에 가면 교과서 속 유물을 만날 수 있다고요?

박물관에 가면 신기하게도 교과서에 나온 유물과 만날 수 있습니다. 교과서에는 대표 유물을 담아서 소개하기 때문이에요. 특히, 국립중앙박물관이나 지역 국립박물관 전시를 보면 마치 살아 있는 교과서와 만나는 느낌이 듭니다. 이곳 박물관들은 우리나라와 지역을 대표하는 유물들을 전시하기 때문이에요.

교과서에서 사진으로만 보던 유물을 실제로 만나면 사진만으로는 충분히 전달되지 않는 생생한 감동을 느낄 수 있어요. 유물의 크기나 모양, 재질 등을 더 잘 알아볼 수 있고, 어떤 유물은 복제품을 통해 직접 만져 볼 수도 있어요. 여러 방향에서 관람할 수 있기 때문에 교과서에서는 잘 보이지 않던 부분까지 섬세하게 살펴볼 수도 있습니다. 교과서 속에서만 보던 유물이 실제 살아 움직이듯 눈앞에 펼쳐지는 느낌은 진짜 멋진 경험이랍니다.

그런데 박물관에서 유물과 직접 만나면 교과서에 대한 배신감이 들기도 해요. 사진 속 유물 모습과 실제 크기가 많이 차이 나기 때문이에요. 대표적인 것이 농경문 청동기와 경천사 10층 석탑이에요. 교과서에서는 두 유물의 크기가 비슷하거나 심지어 농경문

국립중앙박물관 로비에 전시된 경천사 10층 석탑(높이 13.5m).

농경문 청동기(너비 12.8cm × 높이 7.3cm).

청동기가 훨씬 더 크게 나타나기도 해요. 실제 농경문 청동기는
어른 손바닥을 펼쳤을 때 정도 크기인데 말이에요. 그래서 박물관
에 가면 교과서나 책에서 본 유물의 실제 크기가 어느 정도인지
직접 확인해 보면 좋겠어요.

4 우리나라 박물관은 언제, 어떻게 만들어졌을까요?

우리나라 박물관의 역사는 얼마나 될까요? 오늘날과 같은 현대식 박물관은 창경궁 제실박물관이 문을 연 날 처음 시작되었어요. 제실박물관은 황실의 박물관이라는 뜻이랍니다. 이곳은 창경궁에 있는 명정전과 양화당 등 부속 전각 7개 동을 전시실로 해서 1908년에 문을 열었습니다. 이때는 순종 황제와 왕족, 대신 들만이 감상했습니다. 그 후 1909년 11월 1일에 순종 황제는 제실박물관을 일반 사람들도 관람할 수 있도록 했어요. 그래서 이날을 우리나라 박물관이 처음 시작된 날로 정하게 되었습니다.

하지만 제실박물관은 우리나라의 아픈 역사처럼 큰 시련을 겪었어요. 1910년 일본에 국권을 빼앗긴 후 제실박물관은 이왕가박물관으로 이름이 바뀌었어요. 이 명칭에는 조선을 폄하하는 일본의 의도가 담겨 있어요. 일본은 조선이 더 이상 황제 국가가 아니라면서, 조선 왕의 성인 '이'와 왕의 집안을 뜻하는 '왕가'를 합친 말로 '이왕가'라는 이름을 박물관 명칭으로 쓴 것입니다.

일본은 우리나라의 문화유산을 빼앗고 일본의 역사를 강조하려 했어요. 이 시기에 많은 유물들이 일본으로 유출되었답니다.

제실박물관 개관 당시 전시실의 하나였던 양화당.

일본은 1915년에 이왕가박물관과 별도로 경복궁에 조선총독부박물관을 세웠어요. 우리나라 문화를 높이 평가하는 척하면서 실제로는 깎아내리고, 자신들의 식민 통치 방향에 맞는 방식으로 우리의 유물을 전시했어요.

일본의 문화유산 약탈이 심해진 상황에서 간송 전형필 선생은 우리나라 최초의 사립 박물관을 세웁니다. 그는 우리 문화유산을 보존하고 지키는 데 앞장섰고 1938년 '빛나는 보물을 모아 둔 집'이라는 뜻의 보화각을 세웠어요. 보화각은 1966년 간송미술관으로 이름이 바뀌었습니다. 전형필 선생을 비롯한 많은 분들의 노력으로 일제 강점기라는 어려운 상황에서도 소중한 우리 문화유산이 지켜지고 이어질 수 있게 되었어요.

　1945년 8월 15일 광복을 맞이하고, 다시 찾은 새 나라에서 조선총독부박물관을 접수하면서 국립박물관이 문을 열었어요. 하지만 1950년 6월 한국전쟁이 일어나면서 박물관은 부산으로 잠시 옮겼습니다. 전쟁이 끝나고 국립박물관은 다시 경복궁, 남산 등 여러 곳을 거쳐 마침내 2005년 현재의 용산 국립중앙박물관으로 자리 잡게 되었어요.

국립중앙박물관 연혁

1945. 12. 03.	국립박물관 개관(조선총독부박물관 접수)
1950. 12.	한국전쟁으로 소장품을 부산으로 임시 이전(광복동 사무실)
1953. 08.	부산에서 경복궁 내 청사로 복귀
1954. 01.	서울 남산 분관으로 이전 개관
1955. 06. 23.	남산 분관에서 덕수궁 석조전으로 이전 개관
1972. 07. 19.	국립박물관을 국립중앙박물관으로 명칭 변경
1972. 08. 25.	경복궁으로 신축 이전 개관(현 국립민속박물관)
1986. 08. 21.	국립중앙박물관 이전 개관(구 중앙청)
1996. 12. 13.	국립중앙박물관 이전 개관(현 국립고궁박물관)
2005. 10. 28.	새 국립중앙박물관 신축 이전 개관(용산)

5 박물관에서는 어떤 분들이 일을 하나요?

박물관의 주인공은 누구일까요? 박물관에는 전시장을 빛내 주는 유물들이 전시되어 있어요. 바로 이 빛나는 유물이 박물관의 주인 공이지요. 하지만 이렇게 유물들이 전시실에서 자태를 뽐내고 관람객이 박물관을 편안하게 찾을 수 있는 것은 보이지 않는 곳에서 정성껏 일하는 사람들이 있기에 가능한 것이랍니다.

박물관에서 일하는 사람으로 가장 널리 알려진 분은 학예연구사예요. 학예연구사는 유물의 특징과 역사적 배경 등을 연구하고, 어떤 유물을 전시할지, 전시 공간은 어떻게 꾸밀지 등을 계획하고 준비해요. 유물에 대한 전문 지식을 바탕으로 박물관을 찾는 사람들이 유물을 더 잘 이해할 수 있도록 전시를 기획하고 교육도 하지요. 새로운 유물을 수집하는 일도 합니다.

다음으로 유물에 생명을 불어넣는 보존과학자가 있습니다. 보존과학자는 박물관에 전시된 유물을 오래도록 잘 보존할 수 있도록 도와주는 전문가예요. 오래된 그림은 빛이나 습기에 의해 쉽게 손상될 수 있기 때문에 보존과학자는 이런 요소들을 피할 수 있도록 유물을 보관하는 방법을 연구하고 실천해요. 유물에 있는 오

국립중앙박물관 조직도

	관장	
		미래전략담당관
행정운영단	학예연구실	교육문화교류단
행정지원과	유물관리부	문화교류홍보과
디지털박물관과	고고역사부	전시과
시설관리과	미술부	교육과
고객지원팀	세계문화부	어린이박물관과
	보존과학부	디자인팀

염물질을 제거하거나, 이미 손상된 유물을 복원하기 위해 정밀한 작업도 하지요.

또 박물관을 지키는 중요한 분들이 있습니다. 보안 요원은 유물이 도난당하거나 훼손되지 않도록 지키는 일을 해요. 많은 사람들이 질서 유지를 하면서 안전하게 관람할 수 있도록 전시실의 상황을 수시로 확인하고 사람들이 유물을 만지거나 부주의한 행동으로 파손하는 등의 행동을 하지 않도록 주의를 줍니다. 박물관 내에서 사고가 일어나지 않도록 안전 관리도 담당하고 있습니다.

박물관에서 중요한 역할을 하는 또 다른 분들로 청소 담당자가 있습니다. 박물관은 많은 사람들이 오가는 장소로, 항상 깨끗하고 정돈된 환경을 유지해야 해요. 먼지나 오염물질이 있으면 유물이 손상될 수도 있거든요. 청소 담당자들은 전시실과 그 주변을 항상 청결하게 관리하면서 방문객들이 쾌적한 환경에서 전시물을 볼 수 있도록 돕습니다.

박물관에서 우리를 반갑게 맞아 주는 분들도 있습니다. 바로 전시 해설사(도슨트)입니다. 박물관을 방문하는 사람들이 전시물을 잘 이해하고, 더 깊이 있는 정보를 얻을 수 있도록 돕는 분들이에요. 관람객들이 전시를 좀 더 효율적으로 둘러볼 수 있도록 안내하며, 전시물에 대한 설명뿐 아니라 박물관의 역사나 궁금한 점에 대해서도 자세히 알려 줍니다.

이 밖에도 다양한 분들이 함께 협력하고 있어요. 박물관 입구의 안내 직원들은 관람객의 티켓 구매를 돕고, 박물관 이용에 필요한 정보와 도움을 제공하는 역할을 해요. 박물관 내 카페나 기념품 가게에서 일하는 분들 역시 방문객들이 편안하게 시간을 보낼 수 있도록 돕습니다.

우리가 박물관에서 편안하게 전시를 즐길 수 있는 것은 이처럼 많은 사람들이 저마다의 위치에서 노력해 준 덕분이지요. 박물관을 방문할 때 수많은 사람들이 함께 박물관을 만들어 가고 있다는 점을 떠올려 보면 좋겠어요.

6 박물관에서 시간 여행을 할 수 있다고요?

우리나라 곳곳을 즐겁게 살펴보는 방법이 있어요. 바로 각 지역마다 있는 국립박물관을 찾아보는 것이에요. 지역을 대표하는 국립박물관은 그 지역의 역사와 문화, 그리고 특성에 맞춰 다양한 매력을 지니고 있거든요. 지역을 대표하는 국립박물관을 찾다 보면 어느새 우리나라 방방곡곡의 역사와 문화를 만나는 특별한 여행을 할 수 있습니다.

지도를 보면 전국 곳곳에 국립박물관이 자리하고 있지요. 이들은 각자 고유의 전시 주제와 중요한 유물들을 소장하고 있어요. 그렇다면 각 국립박물관은 어떤 특징이 있는지 한번 살펴볼까요?

서울에 있는 국립중앙박물관은 우리나라의 대표 박물관으로 국내 최고일 뿐만 아니라 세계적인 박물관으로 손꼽혀요. 이곳에서는 선사 시대부터 대한제국 시대에 이르기까지 우리나라 역사와 문화를 다채롭게 살필 수 있어요. 박물관 내에 마련된 세계 문화관에서는 세계 곳곳을 여행하듯 볼 수 있어요.

백제의 수도를 찾아가는 여행을 하고 싶다면, 국립공주박물관, 국립부여박물관, 국립익산박물관을 추천해요. 이들 박물관은 모

국립춘천박물관
국립중앙박물관
국립청주박물관
국립공주박물관
국립대구박물관
국립부여박물관
국립경주박물관
국립익산박물관
국립전주박물관
국립김해박물관
국립광주박물관
국립나주박물관
국립진주박물관
국립제주박물관

두 유네스코 세계유산으로 지정된 백제역사유적지구에 자리 잡고 있어요. 백제 역사와 함께 고대 동아시아 왕국들의 교류를 다채롭게 살필 수 있는 곳이랍니다.

신라 천년의 수도 경주는 '지붕 없는 박물관'으로 불려요. 도시 전체가 문화유산으로 가득해 붙은 별명이에요. 이곳에 자리한 국립경주박물관에서는 천년을 이어 온 신라와 경주의 과거와 오늘을 여유롭게 마주할 수 있습니다.

고려와 조선의 발자취가 궁금하다면 국립청주박물관과 국립전주박물관으로 발걸음을 해 보면 좋겠어요. 국립청주박물관에서는 고려 시대 금속 유물을 비롯해 충청 지역의 유물을 만날 수 있어요. 청주는 세계에서 가장 오래된 금속 활자본인 『직지심체요절』이 인쇄된 곳이에요. 전주는 조선 왕조의 발상지로 국립전주박물관에서는 조선 시대의 문화와 예술품을 만날 수 있습니다.

국립광주박물관과 국립나주박물관에서는 전라도 지역의 역사와 문화를 마주할 수 있어요. 국립광주박물관에서는 해저에서 발견된 수많은 청자와 마주할 수 있고, 국립나주박물관에서는 마한 지역의 문화와 만날 수 있습니다.

국립대구박물관, 국립진주박물관, 국립김해박물관에서는 경상도 지역의 역사와 문화를 마주할 수 있어요. 국립대구박물관은 섬유 산업을 이끈 도시인 대구의 특성을 알 수 있고, 국립진주박물관은 임진왜란의 중심지인 진주성과 함께 진주 지역의 역사를 보여 줍니다. 국립김해박물관에서는 가야 왕국의 역사와 고분 유적을 생생하게 만날 수 있어요.

국립춘천박물관과 국립제주박물관에서는 자연과 함께하는 특별한 역사 여행을 할 수 있어요. 국립춘천박물관에서는 강원도에서 출토된 유물을 만나는 것은 물론, 주변에 소양강이 있어 아름다운 경치도 즐길 수 있답니다. 국립제주박물관에서는 제주도의 역사와 신화 그리고 생활 문화를 다채롭게 살펴볼 수 있어요.

여행을 할 때 그 지역에 있는 국립박물관에 들른다면, 우리나라의 역사와 문화를 직접 경험하는 특별한 여행이 될 거예요. 그럼, 지도를 보면서 여러분이 가고 싶은 박물관을 찾아볼까요.

2.
박물관 속 숨은 이야기가 궁금해요

1 박물관 유물이 모두 진짜는 아니라고요?

박물관에서 유물 옆에 쓰인 안내문을 본 적이 있나요? 때때로 유물 중에 복제나 복제품이라고 표시된 경우가 있어요. 복제품은 원래 물건을 똑같이 본떠 만든 물품이에요. 진품과 똑같아 보이지만 원본은 아니랍니다. 그렇다면 왜 박물관에서 진짜 유물이 아닌 복제품을 전시에 사용하는 걸까요?

박물관에서 복제품을 만드는 가장 큰 이유는 진품을 보호하기 위해서입니다. 진품을 전시할 경우, 시간이 지나면서 훼손될 우려가 있어요. 조선 시대의 그림이나 고구려 시대의 벽화들은 정말 소중하지만 동시에 아주 약해요. 햇빛, 습기, 온도 변화 등에 의해 손상될 수 있거든요. 특히 벽화 같은 경우, 빛에 노출되면 색이 바래거나 물감이 떨어질 위험도 있어요. 또 사람들이 관람하는 중에 실수로 파손시키는 일이 있을 수도 있고요. 그래서 박물관에서는 진품은 수장고에 안전하게 보관하고 복제품을 전시하는 경우가 있습니다. 하나의 유물을 여러 박물관에서 전시할 때에도 복제품을 만들어 전시해요. 복제품은 진품과 모양, 크기가 똑같습니다.

국립민속박물관 특별전에 출품된 복희와 여와 복제 그림. 국립중앙박
물관이 소장하고 있다.

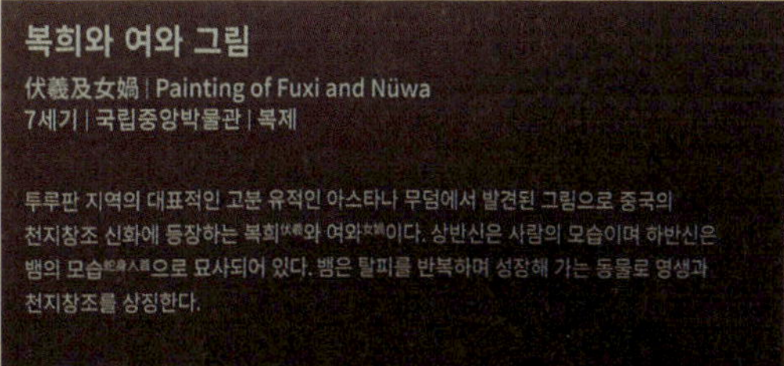

복희와 여와 그림

伏羲及女媧 | Painting of Fuxi and Nüwa
7세기 | 국립중앙박물관 | 복제

투루판 지역의 대표적인 고분 유적인 아스타나 무덤에서 발견된 그림으로 중국의
천지창조 신화에 등장하는 복희伏羲와 여와女媧이다. 상반신은 사람의 모습이며 하반신은
뱀의 모습蛇身人首으로 묘사되어 있다. 뱀은 탈피를 반복하며 성장해 가는 동물로 영생과
천지창조를 상징한다.

복희와 여와 그림 설명글.

연구나 복원 작업을 위해 유물을 박물관 밖으로 옮겨야 하는 경우도 있어요. 보존 과학자들이 유물을 더 오래 보존할 방법을 찾거나, 손상된 부분을 복원하려면 유물을 보존 과학실로 가져가야 해요. 이럴 때도 복제품이 큰 역할을 하지요. 관람객이 박물관을 찾았을 때 빈자리를 느끼지 않도록, 복제품이 그 자리를 대신하거든요.

원칙적으로 국립박물관에서는 진품을 전시합니다. 하지만 어쩔 수 없이 복제품을 전시해야 할 경우, 반드시 복제 또는 복제품이라고 표시해요. 그렇게 하지 않으면 관람객을 속이는 것과 같기 때문입니다. 복제 기술이 날로 발전하고 있지만, 아직도 복제하지 못하는 것이 있어요. 바로 종소리예요. 1985년에 서울 보신각종을 새로 만들면서 국립경주박물관에 있는 성덕대왕신종의 소리를 재현하고자 했지만, 끝내 종소리는 똑같이 만들어 내지 못했습니다.

최근 복제품은 새로운 역할을 하고 있습니다. 시각 장애인에게 유물을 직접 손끝으로 만지면서 경험할 수 있는 기회를 제공해 주는 것이죠. 유물을 손으로 만지면서 그 시대 사람들의 생활을 느껴 보는 특별한 체험을 할 수 있어요. 국립중앙박물관에 마련된 '공간 오감' 전시 학습 공간은 시각 장애인뿐 아니라 일반인에게도 90분간의 특별한 체험 기회를 선물처럼 건네줍니다.

국립중앙박물관 신석기실에 전시된 신석기 시대 토기 복제품.

2 캄캄한 어둠 속에서 전시하는 이유가 있다고요?

호림 박물관의 어두운 환경에 전시된 유물들.

박물관에서 가끔 당황스러울 때가 있어요. 어떤 전시실은 너무 어두워서 한 발짝 앞도 잘 보이지 않는 경우가 있거든요. 심지어 작품도 잘 보이지 않을 때가 있어요. 박물관에서는 왜 이렇게 어둡게 전시할까요?

박물관은 관람객들에게 전시된 유물을 최대한 잘 보여 주기 위해 많은 노력을 합니다. 하지만 이때 중요한 원칙이 있어요. 무엇보다 유물을 훼손하지 않고 안전하게 전시하는 것입니다. 그래서 빛에 민감한 유물을 전시할 때는 조명에 특별히 신경을 씁니다.

미술 작품의 경우, 빛에 민감한 재료로 만들어진 경우가 많습니다. 예를 들어, 칠팔백 년 된 고려 불화나 김홍도의 풍속화 같은 작품들은 빛에 매우 민감한 재료로 만들어져 강한 빛에 오래 노출되면 색이 바래거나 재료가 손상될 수 있습니다. 박물관에서는 이를 막기 위해 그림이나 서예 작품 들을 어두운 환경에서 전시해요. 유물의 상태를 가능한 한 오래 유지하려면 빛의 강도를 최대한 줄여야 하거든요. 그렇다 보니 교과서나 인터넷에서 사진으로 볼 때는 선명하고 밝았던 작품이 막상 박물관에서는 흐릿하거나 잘 안 보이는 경우도 있어요.

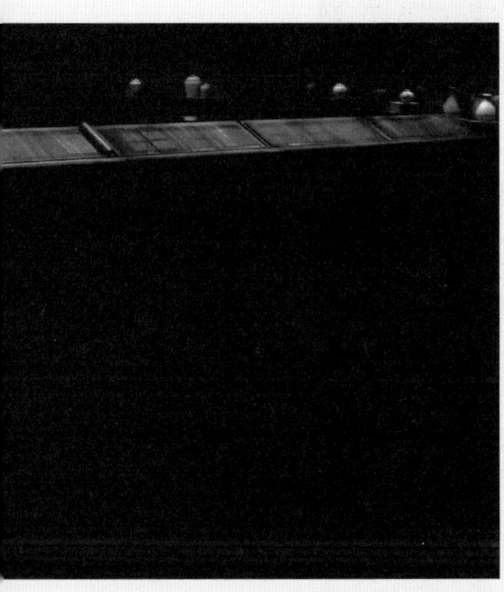

박물관 조명이 어두운 데는 또 다른 이유도 있어요. 바로 관람객의 시각적 체험을 높이기 위해서입니다. 어두운 조명 아래에서는 유물의 세심한 부분들이 더 잘 보일 수 있거든요. 이는 유물의 입체감을 강조하고 신비로운 분위기를 만들어 관람객이 유물에 더 집중할 수 있도록 도와줍니다. 하이라이트 전시처럼 돋보이게 되는 것이지요.

이런 전시 방식은 단순히 유물의 보존만이 아니라 관람객이 유

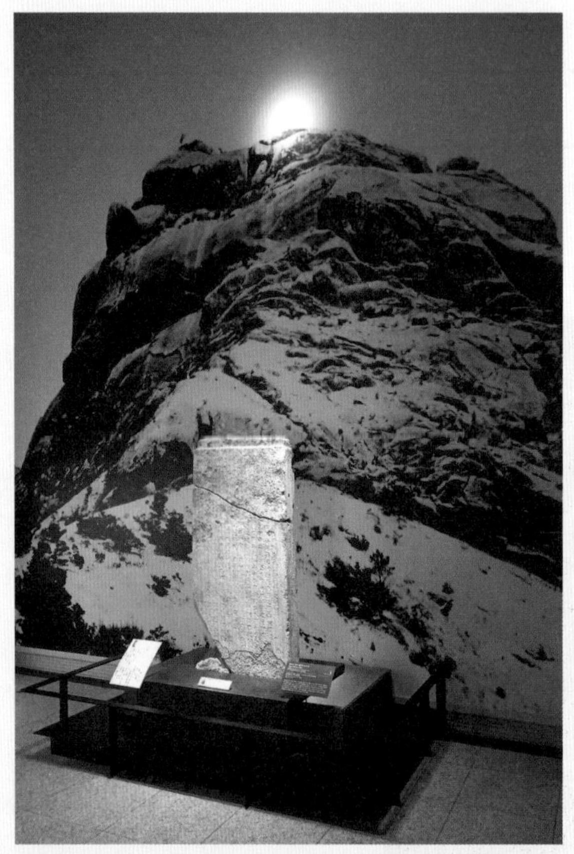

국립중앙박물관의 하이라이트 전시 기법으로 전시된 북한산 진흥왕 순수비. 진흥왕 순수비와 사진 윗부분을 밝게 비췄어요. 사진에 빛을 비춘 건 원래 이곳에 비석이 있었다는 걸 알려 주기 위해서예요.

물이나 전시의 특별함을 느끼도록 돕는 역할을 해요. 일제 강점기를 다룬 전시관에 가면 조명뿐 아니라 어두운 분위기가 납니다. 이는 당시의 어둡고 고통스러운 역사적 상황을 관람객이 더 잘 느낄 수 있도록 의도한 것이에요.

3 박물관에서는 왜 이렇게 하지 말라는 것이 많을까요?

박물관에서 많이 마주하는 안내 문구로는 어떤 것이 있을까요?

"뛰지 마시오."
"작품에 손을 대지 마시오."
"사진 촬영 시 플래시 사용 금지."
"삼각대 설치 금지."

박물관에서는 긍정적인 안내보다 금지하는 내용이 대부분입니다. 하지만 이 안내는 모두를 위한 것이라는 점을 생각해 보면 좋겠어요. 박물관은 기본적으로 많은 사람이 함께 이용하는 공공장소입니다. 이에 모두의 안전과 기분 좋은 관람을 위해 지켜야 할 기본적인 질서가 필요하지요.

박물관에 전시 관람이나 체험을 와서 다치거나 큰 사고가 생기면 안 되겠죠. 장난을 치다가 본인이 다쳐서도 안 되지만 실수로 유물이나 작품도 훼손하면 안 되기 때문이에요. 박물관에 전시된 유물은 인류가 함께 공유할 문화유산으로 잘 보존해야 합니다.

작품에 손을 대지 않는 것은 작품 보호를 위해 가장 기본적인

국립현대미술관의 반입 제한 물품 안내판.

국립중앙박물관에 세워진 반가사유상 캐릭터.

일이에요. 우리 손에는 눈에 보이지 않는 기름, 땀, 먼지 등이 묻어 있는데, 이것들이 작품의 표면에 닿으면 서서히 손상을 일으킬 수 있어요. 특히, 오래된 그림이나 조각은 시간이 지나며 점점 약해지기 때문에, 아주 작은 접촉이나 입김만으로도 큰 문제가 생길 수 있습니다. 그래서 전시장에서는 유리를 통해 작품을 보호하면서 그 안에 습도계 등을 설치해 유물을 철저히 관리합니다.

사진 촬영은 가능하지만, 플래시는 안 된다고 하는 안내에도 깊은 뜻이 담겨 있어요. 플래시는 순간적으로 강한 빛을 내는데, 이런 강한 빛이 반복적으로 유물에 닿으면 색이 바래거나, 재질이 약해질 수 있거든요. 일부 박물관이나 미술관에서는 작품 보호를 위해 아예 사진 촬영 자체를 금지하는 경우도 있습니다.

박물관 전시품을 촬영하는 것은 좋은 추억이 되기도 하지만, 때로는 사진 찍기에만 몰두한 나머지 정작 중요한 작품 감상은 뒷전이 되는 일이 있는 것 같아요. 이런 문제점을 해결해 보고자 네덜란드의 암스테르담 국립미술관에서는 사진 촬영 없는 전시를 기획했어요. 관람객이 입장할 때 스케치북과 연필을 나눠 주면서 관람한 작품을 직접 그려 보도록 하는 특별한 전시를 열었습니다. 사진이 아니라 자신의 눈으로 직접 작품과 마주하고 느끼길 바란 거예요.

최근 우리나라의 국립현대미술관에서는 즐거운 전시를 관람객이 함께 만들어 가자며 재밌는 캠페인을 실시하고 있습니다. 모두를 위한 미술관 예절을 나누는 공익성 캠페인이에요. 이를 위해

국립현대미술관의 관람 예절 안내판.

전시동 로비 벽면에 '캠페인 벽'을 설치했어요. 관람객이 전용 메모지에 직접 관람 문화 개선을 위한 자신의 약속을 적고 실천을 다짐하도록 한 것이에요.

'뮤지엄 매너'를 실천하는 방법을 안내하는 캠페인 마스코트로 '에티캣(eti'cat)'을 정했는데요. 이는 프랑스어인 에티켓(Etiquette: 사람들이 어울려 살아가는 데 필요한 예의범절이나 규칙)의 발음을 살려 'eti(에티)'라는 이름의 고양이를 표현했습니다. 여러분은 어떤 약속을 쓰고 싶으신가요?

4 청동 거울은 거울인데, 왜 얼굴이 비춰지지 않나요?

박물관에서 청동 거울을 본 적 있나요? 청동 거울은 고대부터 고려, 조선 시대 사람들이 사용하던 거울로, 청동으로 만들어졌어요. 그런데 박물관에 가면 청동 거울의 뒷면이 전시되어 있는 경우가 많습니다. 왜 그럴까요?

청동 거울은 처음 만들어졌을 때는 황금색으로 번쩍번쩍 빛이 났습니다. 앞면은 반들반들하게 광을 내서 거울로 쓰고 뒷면에는 갖가지 무늬를 새겨 넣었어요. 박물관에서는 대개 그 특징을 살필 수 있는 뒷면만 전시가 되어 막상 거울 같아 보이지가 않아요. 하지만 원래 청동 거울의 앞면은 얼굴을 비춰 볼 수 있을 정도로 환했어요. 이 거울은 얼굴을 비춰 볼 수 있을 뿐만 아니라 하늘의 빛을 전하는 상징이기도 했어요. 연구자들은 고대 시기 지배자들이 빛을 전하기 위해 이 거울을 목에 걸고 큰 행사에 참여했을 거라고 추측합니다. 제사 같은 큰 행사에서 이 거울을 통해 태양의 빛을 전하면 지배자는 훨씬 더 위대하게 보였을 것 같아요.

그렇다면 당시 지배자들은 이 청동 거울을 어떻게 목에 걸었을까요? 아마도 꼭지가 달린 부분에 실이나 줄을 넣어서 달 수 있

청동기 시대의 잔무늬 청동 거울(뒷면).

었을 거예요. 평상시에는 여기에 끈을 꿰어서 손잡이처럼 쓰기도 했겠지요. 시대가 지나면서 잡기 편하게 손잡이를 만들기도 했어요.

청동 거울이 신기한 것은 뒷면에 새겨진 무늬랍니다. 청동 거울을 자세히 보면 원이나 삼각형, 번개무늬 같은 독특한 줄무늬가 새겨져 있어요. 이런 무늬를 잔무늬라고 하는데, 이 잔무늬들은 촘촘하면서도 아주 정확하게 그려져 있어요. 현재 기술로도 이렇게 정교하게 줄을 긋기 어려울 정도예요. 고려 시대 때 만들어진 청동 거울에는 당시 시대 상황을 알 수 있는 풍경과 그림이 생생하게 담겨 있어요. 거울 뒷면에는 용이나 봉황 같은 상징적인 동물, 꽃과 나무 같은 자연의 모습, 그리고 신나게 뛰어노는 어린이들

고려 시대의 청동 거울(앞면).

의 모습 등이 그려져 있지요. 이런 문양들은 당시 사람들의 믿음과 문화를 반영하고 있어요.

그렇다면 청동 거울의 앞면은 어떨까요? 지금 박물관에서 만나는 청동 거울의 앞면은 우리가 흔히 아는 거울처럼 반짝이지 않아요. 청동은 시간이 지나면서 산화되어 표면이 어두워지고, 반사 능력이 떨어집니다. 그래서 박물관에 전시된 대부분의 청동 거울은 녹슨 회색이나 초록빛이 도는 경우가 많아요. 청동은 공기중의 산소, 습기와 만나면 서서히 색이 변하거든요. 변색 정도를 통해 청동 거울이 얼마나 오랜 세월을 거쳐 전해진 것인지를 헤아려 볼 수도 있답니다. 청동 거울을 통해 이를 만들었을 당시 시대를 떠올리면서 즐거운 시간 여행을 떠나 보면 어떨까요?

5 상설 전시와 특별 전시는 뭐가 다를까요?

박물관에 가면 전시가 크게 둘로 나뉩니다. 바로 '상설 전시'와 '특별 전시'예요. 상설 전시는 그 박물관에서 시기와 상관없이 항상 열고 있는 전시랍니다. 박물관의 대표 전시로 그 박물관의 특징을 잘 보여 주지요. 상설 전시에서는 보통 그 박물관이 뽐내고 싶은 대표적인 유물들을 오랜 기간 동안 지속적으로 전시해요. 다만 유물을 관리하고 보호하기 위해 주기적으로 전시를 교체하기도 합니다.

이에 비해 특별 전시는 특정한 기간 동안만 열리는 전시랍니다. 특별 전시는 그 박물관이 소장하고 있는 유물로 할 수도 있고, 주제에 맞춰 다른 박물관이나 미술관에서 유물을 빌려 오기도 해요. 2009년 국립중앙박물관에서 《한국 박물관 개관 100주년 기념 특별전》이 열렸어요. 이 특별전에서는 안견의 〈몽유도원도〉가 전시되었어요. 〈몽유도원도〉는 일본의 한 대학교 도서관에서 소장하고 있기 때문에 직접 볼 기회가 매우 드물어요. 〈몽유도원도〉를 직접 볼 수 있는 있는 이 드문 기회를 놓치고 싶지 않았던 수많은 사람들이 전시회장으로 몰려들었어요. 무려 관람을 위해 5~6시

국립중앙박물관에서 열린 지도 특별전.

간을 기다리는 수고를 마다하지 않는 사람들도 있었어요. 이처럼 특별전은 전시장에 잘 나오지 않는 개인 소장 유물이나 해외 유물 등 쉽게 볼 수 없는 유물을 볼 수 있는 기회이기 때문에 찾는 사람들이 많습니다.

2018년 열린 《지도 예찬: 조선 지도 500년, 공간·시간·인간의 이야기》 같은 특별 전시는 〈대동여지도〉를 모두 펼쳐 전시해서 큰 화제가 되었습니다. 당시 수많은 사람이 찾아 〈대동여지도〉의 매력에 흠뻑 빠져들었지요.

특별 전시는 항상 보는 전시와는 다른 매력이 있어 많은 사람에게 호응을 받으며 상설 전시와 함께 박물관을 활력 넘치는 곳으로 만들어 줍니다.

6 전시를 재미있게 보는 비법이 있다고요?

박물관에 가면 처음에는 전시에 집중하지만 조금만 시간이 지나면 다리가 아프고 힘이 들지요. 이건 대부분의 사람들이 느끼는 경험이에요. 박물관에서 지치지 않고 재밌게 유물이나 전시를 보려면 어떻게 하면 좋을까요?

무엇보다 한 번에 이곳 전시를 다 보겠다는 욕심을 버려야 해요. 박물관에는 수많은 유물이 전시되어 있어요. 하루면 충분한 작은 박물관도 있지만, 국립중앙박물관처럼 큰 박물관은 몇 날 며칠을 봐도 모자랄 거예요. 그래서 여러분에게 가장 추천하고 싶은 것은 즐겁게 여행지를 가듯이 박물관을 가는 것이에요. 우리가 여행 전에 가 볼 만한 곳을 미리 찾아보는 것처럼, 방문할 박물관을 정한 후 그곳의 대표 유물이 무엇인지, 꼭 보고 싶은 유물은 어느 관에 있는지 등을 미리 박물관 홈페이지 등을 통해 살펴보고 가면 효율적인 관람을 할 수 있을 거예요.

박물관에서 머무를 수 있는 시간이 40분뿐이라면, 그 시간 동안 어디를 갈 것인가를 생각해 보는 것이에요. 루브르 박물관 같은 경우 입구에서부터 모나리자 전시장 가는 길을 안내해요. 사람들이 가장 많이 보고 싶어 하는 작품이기 때문이에요. 국내 박물관을 찾을 때도 마찬가지예요. 국립중앙박물관에서는 반가사유상을 찾아보는 것이에요. 이처럼 시간에 맞춰 대표적인 딱 하나 또는 두 개의 유물만 만나고 와도 괜찮다는 생각으로 가면 부담이 조금 줄어들 거예요. 국립박물관의 대표 유물은 교과서를 비롯해 책과 인터넷 등에 많이 소개되어 있습니다.

국립박물관들은 규모가 크기 때문에 보물찾기를 하듯이 유물을 찾아가는 것도 하나의 방법입니다. 박물관에서 해당 유물을 찾는 과정도 쏠쏠한 재미가 있거든요. 유물을 찾았다면 자세히 살펴보세요. 유물의 앞면만이 아니라 옆면과 뒷면을 두루두루 살펴보는 것이지요. 여유 시간이 있으면 그날 본 유물 중 자신과 닮은 유물을 찾아보세요. 어린이, 청소년이 등장하는 유물을 찾아봐도 좋겠어요. 그럼 나태주 시인이 「풀꽃」이라는 시에서 '자세히 보아야 예쁘다'고 한 것처럼 새롭게 보이는 것이 있을 거예요.

박물관에 갈 때 이처럼 자기만의 미션을 갖고 유물과 마주해 보세요. 그럼 분명 신나면서도 재밌는 체험을 할 수 있을 거예요.

3.
교과서 속 문화유산이 많은 박물관은 어디인가요?

1 국립중앙박물관

국가대표 박물관이자 모두의 박물관

🏛 국립중앙박물관 건축

국립중앙박물관은 우리의 소중한 문화유산을 보호하고 기념하고자 옛 성곽의 개념을 반영해 만들었는데, 귀중한 역사와 전통을 마치 성처럼 지키겠다는 뜻이 담겼어요. 박물관 중앙의 뚫린 공간은 한옥의 대청마루를 현대적으로 재해석해서 만들었어요. 뚫린 공간 저 멀리 남산타워와 산이 어우러져 마치 거대한 액자처럼 보이기도 해요. 박물관 앞에 위치한 거울못은 박물관과 함께 하나의 예술 작품처럼 조화를 이루고 있어요.

💬 박물관 소개

국립중앙박물관은 우리나라를 대표하는 박물관이에요. 시대와 주제별로 제시된 7개의 상설전시관, 다양한 내용을 선보이는 특별전시관, 오감으로 즐기고 배우는 어린이박물관, 첨단

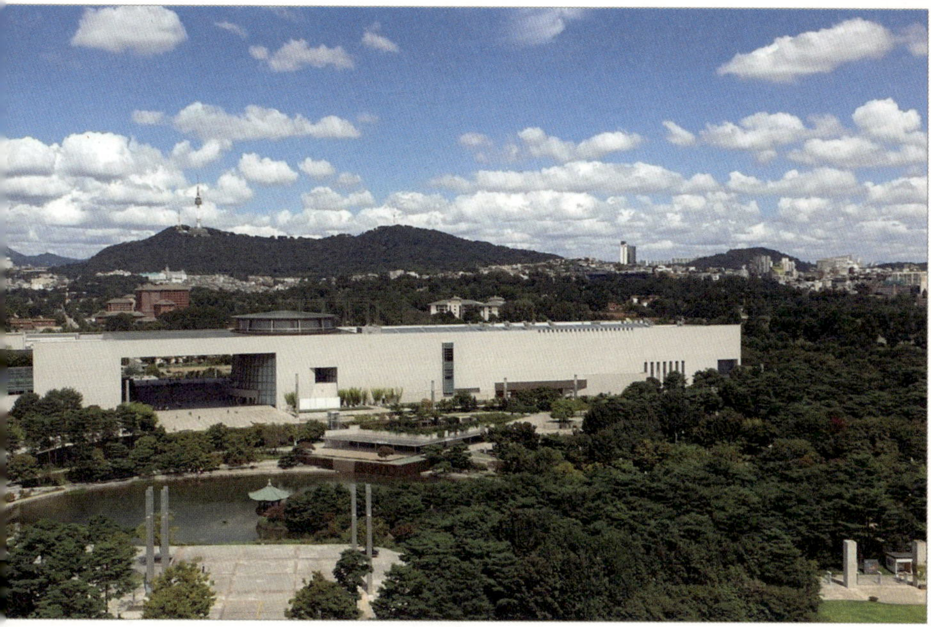

기술을 활용한 디지털 실감 영상관 등이 마련되어 있어요. 이곳에서는 우리 나라뿐만 아니라 세계 문화유산도 함께 만날 수 있답니다. 역사와 문화를 마음껏 누리고 편안히 머물다 갈 수 있는 곳이에요.

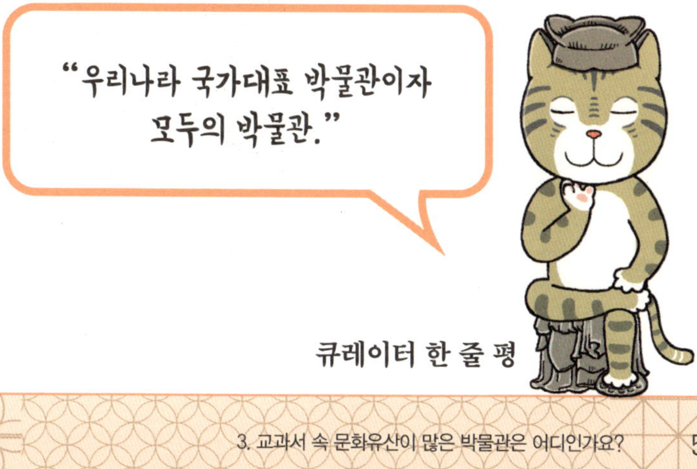

 **대표 문화유산**

삼국 시대의 금관과 반가사유상, 북한산 진흥왕 순수비, 고려청자, 경천사 10층 석탑, 조선 시대의 백자 달항아리와 《단원풍속도첩》, 〈대동여지도〉, 척화비 등 교과서에서 만났던 수많은 문화유산이 있어요.

 **내가 누구냐면**

내 이름은 청동 투구야. 그리스에서 만들어졌어. 1936년 독일 베를린 올림픽 마라톤 경기에서 금메달을 딴 선수에게 선물로 주기로 했지. 하지만 오랜 시간 동안 전해지지 못하다가 다행히 50년 만에 주인을 찾았어. 그 주인공은 바로 일제 시대 때 올림픽에 출전해서 금메달을 딴 손기정 선수야. 나는 얼마 후 국립중앙박물관에 기증되었어. 손기정 선수가 "이 투구는 내 것이 아니라 우리 민족의 것"이라고 했거든. 덕분에 나는 이렇게 여러분과 만날 수 있어.

1층 선사고대관 중 고구려실.

 **여기는 꼭 둘러봐**

1층 선사고대관 중 고구려실에 가 보면 좋겠어요. 이곳에는 높이 6미터가 넘는 거대한 탁본 4개가 전시실 벽을 가득 채우며 여러분을 기다리고 있어요. 바로 광개토대왕릉비 탁본(디지털 복원본)이에요. 탁본이란 비석이나 기와 등에 새겨진 글씨나 무늬를 종이에 그대로 떠낸 거예요. 박물관에서는 이 전시를 위해 전시실의 높이를 높였어요. 고구려 무덤에 들어간 듯 고분 벽화를 사방에 펼쳐 놓은 전시도 함께 살펴보세요. 이곳에 가면 마치 고구려에 와 있는 것 같은 기분이 들 거예요.

손바닥만 한 유물로
2000여 년 전 모습을 알 수 있다고요?

농사짓는(농경) 무늬(문)가 새겨진 청동기여서 농경문 청동기라 부릅니다.

이 유물은 아주 유명해서 청동기 전시실의 중요한 자리에 특별히 모셔져 있어요. 하지만 막상 찾으려고 하면 잘 안 보여요. 너비가 13.5센티미터가량 되는 손바닥 정도의 크기거든요. 유물 크기에 비해 설명이 훨씬 더 크게 자리 잡고 있답니다.

이 유물을 자세히 보면 2000여 년 전 사람들의 생활을 살필 수 있어요. 유물 앞면과 뒷면에 당시 생활 모습이 생생히 새겨져 있거든요. 그래서 전시장에서도 앞과 뒤를 모두 볼 수 있게, 유리관에 넣어 놓았어요.

농경문 청동기 뒷면에는 세 사람이 보여요. 오른쪽 위아래에 두 명, 왼쪽 위에 한 명이 있어요. 오른쪽 위의 사람이 두 손으로 무엇인가를 잡고 있어, 마치 스키를 타는 것 같아요. 아래쪽 사람은 야구를 하는 것 같고 왼쪽 사람은 항아리에 공을 넣는 것 같아요. 무얼 하는 거냐고요?

오른쪽 두 사람은 농기구로 밭과 땅을 일구는 거예요. 왼쪽 사람은 항아리에 무언가를 담고 있고요. 이건 봄에 밭을 갈고 농사를 짓고 가을에 수확한 곡식을 항아리에 담는 농민의 삶의 모습이에요.

오른쪽 위에 있는 사람이 잡고 있는 것은 농사 짓는 기구인 따비예요. 따비는 밭을 갈 때 사용해요. 그런데 밭을 가는 건지 어떻게 알았냐고요? 따비 아래에 고랑이 파인 네모난 밭이 있어요. 농경문 청동기에 그려진 밭은 유적에서 확인되었어요. 진주 대평리 유적으로 이곳에서 청동기 시대의 마을과 밭이 발견되었거든요.

더불어 하나 더 생각해 보면 좋을 게 있어요. 바로 농경문 청동기 위에 뚫려 있는 구멍들이에요. 도대체 구멍들은 왜 있는 것일까요?

이 구멍은 줄이나 끈을 이용해서 목에 걸거나 아니면 허리춤에 묶기 위해 쓰인 것은 아닐까 추측하고 있어요. 이런 청동기는 아주 귀한 것이라서 아무나 가질 수 있는 것이 아니었거든요. 그래서 이 청동기를 지닐 수 있는 사람은 청동기 시대에 힘이 세거나 부족을 이끈 지도자가 아닐까 생각하고 있습니다.

북한산 진흥왕 순수비에
한국전쟁의 상처가 있다고요?

비석 군데군데 있는 이 흔적들은 무엇일까요? 이 흔적들은 사실 아픈 우리 현대사의 모습이랍니다. 이 흔적은 총을 맞아 생긴 상처이기 때문이에요. 어쩌다 북한산 정상에 있는 비석이 총을 맞게 된 것이냐고요? 그건 바로 한국전쟁 때문입니다. 전쟁 상황 속에서 비석도 무사하지 못했거든요.

이 비석은 신라 진흥왕이 세운 북한산 진흥왕 순수비입니다. 신라 시대 진흥왕이 북한산에 세운 비석이라는 것은 알겠는데, 순수비는 무엇일까요? 순수(巡狩)는 한자말로 왕이 직접 나라 안을 두루 살피며 다녔다는 뜻이에요. 결국 이 비석의 이름을 풀이하면, 신라 진흥왕이 한강 유역을 차지하고 직접 북한산을 다녀간 것을 기념하기 위해 만든 구조물이라는 것을 알 수 있어요.

북한산 신라 진흥왕 순수비는 원래 북한산 비봉에 있었어요. 하지만 오랜 시간 자연에 노출되고 또 한국전쟁 등을 겪으면서 보존하기가 어려워졌죠. 그래서 이곳 국립중앙박물관으로 옮겼어요. 그럼 북한산 비봉에는 더 이상 이 비가 없는 것일까요? 그렇지는 않아요. 원래 순수비와 똑같은 형태의 복제품을 만들어 세워 두었어요.

북한산 신라 진흥왕 순수비는 우리에게 많은 것을 알려 줍니다. 돌에 새겨진 글자를 통해서 1500여 년이 훨씬 넘는 역사를 살펴볼 수 있거든요. 게다가 이 비석에는 조선 시대 최고 명필로 손꼽히는 추사 김정희 선생의 글씨도 새겨져 있어요. 김정희 선생께서 쓰신 글자는 비석 옆면 두 곳에 실려 있어요.

북한산 신라 진흥왕 순수비 옆면의 처음 쓴 글.
"此新羅眞興大王巡狩之碑 丙子七月 金正喜 金敬淵來讀"
("이것은 신라 진흥대왕 순수비이다. 병자년(1816년) 7월 김정희, 김경연이 와서 비문을 읽었다.")

북한산 신라 진흥왕 순수비는 돌에 글을 새김으로써 넓어진 신라의 영토를 널리 알리기 위한 것이었어요. 여러분이 돌에 글을 새긴다면 어떤 말을 새기고 싶은지 한번 생각해 볼까요?

박물관 안에 왜 탑을 두었을까요?

국립중앙박물관 1층 전시실 복도 끝에는 멋진 탑이 자리하고 있어요. 경천사 10층 석탑이에요. 이 탑은 박물관 3층에서도 관람이 가능할 정도로 높고 아름다워 많은 사람들이 이 탑 앞에서 기념사진을 찍는답니다. 탑은 보통 야외에 있지요. 하지만 이 탑은 많은 역사적 사건을 겪으면서 손상되어 오랜 시간 치료를 받았어요. 이후 안정적으로 탑을 보존하고 전시하기 위해 박물관 실내에 두기로 결정하였답니다.

경천사 10층 석탑은 1348년 고려 시기에 지금의 개성 근처에 있던 절인 경천사에 세워졌어요. 우리나라에서는 드문 대리석 석탑으로 높이가 13.5미터나 됩니다. 1~3층은 사방으로 돌출된 아(亞) 자형, 4~10층은 사각형으로 지붕돌은 기와지붕 모양이에요. 기와집을 층층이 쌓아 올린 모양으로 각 층마다 기와지붕을 섬세하게 표현했고, 사방에 부처와 보살, 꽃무늬를 가득 조각하여 무척 화려해요. 탑 가까이에는 에스컬레이터가 설치돼 있어 오르내리면서 탑 전체를 섬세하게 살펴볼 수 있어요.

하지만 경천사 10층 석탑은 아름답고 웅장한 모습으로 인해 오히려 큰 시련을 맞았어요. 일본 정부의 관리가 고종이 자신에게 이 탑을 선물로 주었다며 거짓말을 하고는 탑을 해체해 일본으로 가져갔어요. 이런 사실을 알고 나라 안팎에서 탑을 되돌려달라고 반환 운동을 펼쳤어요. 1907년 3월 《대한매일신보》 영문판에 영국 언론인 베델이 이 사실을 보도했어요. 조선의 독립을 위해 힘쓴 미국 출신의 선교사인 헐버트도 일본의 영자 신문을 통해 약탈 사실을 전 세계에 알리는 등 수많은 사람들이 반환을 강력히 요청했어요. 이런 노력들이 모아져 1918년 마침내 이 탑은 우리나라로 돌아올 수 있었답니다.

불법 반출과 반환 과정에서 탑이 많이 훼손되었어요. 이후 탑은 경복궁에 해체된 채로 있다가 1959년에 시멘트를 활용해 훼손된 부위를 일부 보수한 뒤 1960년 경복궁 뜰에 세워졌어요. 1990년대가 되면서 대리석으로 만들어진 탑은 산성비 등으로 많이 훼손되고, 또 탑 자체의 안전성이 문제가 되었어요. 이 탑은 1995년부터 10년 동안의 보존, 복원 작업을 거쳐 국립중앙박물관이 지금의 용산으로 옮겨와 새로 문을 열 때, 특별히 실내에 자리 잡게 되었답니다.

22권의 책으로 이뤄진 지도가 있다고요?

커다랗게 전시된 이 유물은 도대체 무엇일까요? 우리나라 최고의 지도로 손꼽히는 〈대동여지도〉예요. 바로 옆에는 목판이 전시되어 있어요. 〈대동여지도〉는 이 점이 매력적이에요. 〈대동여지도〉를 목판으로 찍어 낸 것도 이유가 있답니다. 지도를 일일이 그리는 것이 아니라 목판으로 만들어 여러 권의 책을 찍어서 널리 나눠서 보고자 했어요.

〈대동여지도〉는 흔히 우리가 보는 지도랑 달라요. 22권의 책으로 이루어진 지도이거든요. 〈대동여지도〉는 우리나라를 22개의 층으로 나누고, 각 층에 해당하는 지역의 지도를 각각 1권의 책으로 병풍처럼 펼칠 수 있게 이어 만들었어요.

22권의 책은 접을 수 있게 만들어 가지고 다닐 수 있었어요. 이 책들을 모두 펼쳐 연결하면 사진과 같은 커다란 우리나라 지도가 완성돼요. 〈대동여지도〉의 크기는 국립중앙박물관 자료에 따르면 "세로 약 6.7m, 가로 약 3.8m"입니다.

〈대동여지도〉 실제 모습.

김정호가 〈대동여지도〉를 만들기 위해 백두산을 7번이나 오르고 전국을 3차례 답사하였다고 많이 알려져 있는데, 이 이야기는 사실이 아니랍니다. 〈대동여지도〉가 만들어질 수 있었던 것은 조선 시대 축적된 학문과 지도 제작 기술 덕분이었어요. 김정호는 풍부한 기초 자료와 다양한 정보들을 바탕으로 정확하면서도 목적에 맞는 〈대동여지도〉를 만들 수 있었던 거지요.

그림으로 조선 후기 사람들의 생활을
알 수 있다고요?

《단원풍속도첩》 중 〈무동〉.

조선 후기 사람들은 어떻게 살았을까요? 이를 잘 보여 주는 것이 있어요. 바로 《단원풍속도첩》이에요. 《단원풍속도첩》에는 조선 후기의 화가 김홍도가 그린 25점의 풍속화가 담겨 있어요. 단원은 김홍도의 호이고, 풍속은 그 시대의 유행이나 관습 같은 것을 말하며, 도첩은 여러 그림을 한데 묶어 책으로 만들었다는 뜻이에요. 그림을 보면 춤추는 장면을 비롯해 논을 갈거나 대장간에서 일하는 모습 등 18세기 조선 시대 사람들의 생생한 생활 모습이 담겨 있어요. 이 그림의 크기는 가로 22.2센티미터, 세로 26.9센티미터로 대략 A4 용지랑 비슷하답니다.

국립중앙박물관 전시실에서 《단원풍속도첩》은 낱장으로 만나 볼 수 있어요. 아주 깜깜한 곳에 전시되어 있어요. 박물관에서는 빛에 의한 유물의 훼손을 막기 위해 조명을 어둡게 하거든요. 그리고 일정한 기간별로 작품들도 교체하여 전시하고 있어요.

《단원풍속도첩》 중 〈논갈이〉(왼쪽)와 〈대장간〉(오른쪽).

《단원풍속도첩》 중 〈씨름〉.

《단원풍속도첩》 중 〈씨름〉 그림을 보면 흥미로운 점이 있어요. 바로 눈앞에서 씨름 경기가 열리고 있는 것처럼 생생하게 다가오거든요. 이 그림은 승부가 나기 직전의 박진감 넘치는 상황을 담아냈어요. 왼쪽 사내는 오른쪽 사내를 번쩍 들어 올렸어요. 오른쪽 아래 있는 구경꾼들은 자기들 쪽으로 선수가 넘어질까 화들짝 놀라고 있어요. 구경꾼들 중에는 갓을 벗어 놓은 채 경기 관람에 몰두하는 양반도 있고, 엿을 파는 소년도 있습니다. 오늘날 스포츠 경기장 모습처럼 조선 시대 사람들이 운동 경기를 보는 모습이 마치 동영상처럼 생생하게 다가옵니다.

　《단원풍속도첩》을 보면 신기한 점이 있어요. 그림 속 사람들이 대부분 밝은 모습으로 즐겁게 지내고 있다는 점입니다. 이건 화가가 당시 정조 임금이 바라는 태평성대의 모습을 그림으로 나타냈기 때문일 거예요. 김홍도는 도화서 화원으로 임금님 덕분에 백성들이 잘 살아가고 있다는 점을 여러 풍속도에 담아내었거든요. 도화서는 조선 시대에 나라에서 필요로 하는 그림을 그렸던 관청이었어요. 조선 후기에는 농업과 상업이 발달하면서 경제에 여유가 생겼어요. 그 결과 양반뿐 아니라 중인이나 일반 백성들도 예술과 문화에 관심을 가지고 한글 소설과 공연, 민화 등을 즐기면서 서민 문화가 꽃피었습니다.

　서당에서 공부하는 모습, 춤을 추는 모습을 비롯해 논갈이, 대장간, 벼 타작, 자리 짜기처럼 일하는 사람들의 모습은 물론 새참처럼 일을 끝낸 뒤의 휴식하는 모습이나 다양한 풍속이 담겨 있어요. 이 화첩을 한 장 한 장 넘기다 보면 타임머신을 타고 조선 시대에 와 있는 것 같은 기분이 들어요. 오늘날 풍속을 사진으로 찍는다면, 여러분은 어떤 모습을 촬영하고 싶은가요?

두루 헤아리며 깊은 생각에 잠기는 방이
있다고요?

사유의 방에 전시된 금동반가사유상. 왼쪽은 삼국 시대 6세기 후반에 제작되었으며 높이는 83.2센티미터이고,
오른쪽은 삼국 시대 7세기 전반에 제작되었고 높이는 93.5센티미터이다.

반가사유상의 '반가'는 반만 책상다리를 한 모습으로 걸터앉아 한쪽 다리를 다른 쪽 다리 위에 올린 자세를 뜻하고, '사유상'은 깊이 생각하는 모습을 표현한 조각상이라는 의미예요. 즉 반가사유상은 생각에 잠긴 모습의 불상이라고 할 수 있어요.

사유의 방에서는 이 두 반가사유상을 천천히 살펴보며 조용히 마주하는 시간을 가져 보세요. 앞뒤, 그리고 옆에서 반가사유상을 자세히 관찰해 보세요. 그럼 정교하면서 뛰어난 예술성과 두 사유상의 차이를 발견할 수 있을 거예요. 두 점의 반가사유상은 비슷해 보이지만, 자세히 보면 차이점이 여럿이에요.

오른쪽 반가사유상은 머리에 세 봉우리가 이어진 산처럼 보이는 관을 쓰고 있어요. 몸 전체는 균형 잡힌 모습으로 조각되었고, 무릎 아래 옷 주름 하나하나까지도 자연스럽고 입체적으로 표현되어 있어요. 얼굴의 눈, 코, 입 표현도 굉장히 세밀하고 정교하죠.

반면에 왼쪽 반가사유상은 또 다른 매력을 가지고 있어요. 머리에 화려한 조각 장식의 관을 쓰고 있어요. 조금 더 부드러운 분위기를 풍기죠. 두 반가사유상은 세부적인 표현 방식에서 차이가 있지만, 깊은 사유와 고요함을 담고 있는 점은 같아요.

2 국립경주박물관

국립경주박물관 건축

국립경주박물관에는 5곳의 전시관이 있어요. 다른 박물관에 비해 많은 편이에요. 전시관 지붕은 신라의 건물을 본떴어요. 정원도 무척 넓은데, 이곳에는 신라의 문화유산이 빼곡해요.

박물관 소개

우리나라에서 역사가 가장 긴 나라는 신라예요. 무려 나이가 천 년에 가까워요. 경주는 그런 천 년 역사를 가진 신라의 수도였어요. 지금 그곳 경주에는 국립경주박물관이 있어요. 그곳은 신라의 역사만큼 크고 전시관마다 신라를 대표하는 문화유산으로 가득해요. 신라를 제대로 알려면 다른 어떤 곳보다 먼저 이곳을 꼼꼼히 봐야 해요.

"신라 여행의 시작점."
큐레이터 한 줄 평

 **대표 문화유산**

이차돈이 기꺼이 목숨을 내놓은 장면을 새긴 이차돈 순교비, 신라의 황금 문화를 보여 주는 천마총 금관, 신라의 얼굴로 유명한 경주 얼굴무늬 수막새, 신라 통일의 주역인 문무왕과 관련이 깊은 감은사지 서삼층석탑 사리장엄구, 마음을 울리는 성덕대왕신종을 만날 수 있어요.

 **내가 누구냐면**

내 이름은 얼굴무늬 수막새야. 수막새는 지붕 끝을 덮은 기와야. 한눈에 봐도 사람 얼굴처럼 생겼다는 걸 알 거야. 내 별명은 '신라의 미소'야. 나는 인상 쓰는 것보다 웃는 게 좋아. 요즘 사람들도 신라 사람들처럼 나를 보고는 저절로 미소를 지어. 너희도 그렇지? 나의 매력은 시대를 뛰어넘는다니까.

경주 얼굴무늬 수막새.

 **여기는 꼭 둘러봐**

국립경주박물관에는 전시실뿐만 아니라 야외 정원 곳곳에서 신라의 문화유산을 만날 수 있어요. 탑이나 불상부터 건물 기둥을 받치던 돌까지 종류도 다양하고 만든 솜씨도 저절로 감탄이 나올 정도로 뛰어나요. 야외 정원은 박물관 속의 또 다른 '신라'라고 불러도 될 정도예요.

불교를 인정받으려고 목숨을 내놓았다고요?

이차돈 순교비.

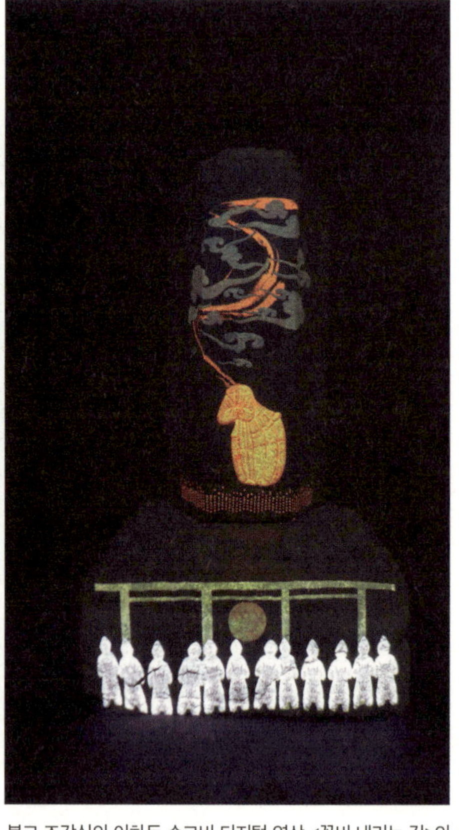

불교 조각실의 이차돈 순교비 디지털 영상 <꽃비 내리는 길>의 한 장면.

육각 돌기둥에 그림이 새겨졌어요. 한 사람의 목이 잘려 땅에 떨어졌어요. 목에서 피가 분수처럼 솟구치고 하늘에서는 꽃이 비처럼 내리고 땅은 지진이라도 난 듯 흔들려요. 깊이 불교를 믿은 신라 사람 이차돈이 불교를 반대하는 사람들을 설득시키려고 기꺼이 자기 목숨을 내놓자 그림처럼 신기한 일이 생겼다는 거예요. 불교를 인정받기 위해 자신의 목숨을 바쳤기 때문에 이 비석을 순교비라고 불러요.

신라의 법흥왕은 신라가 발전하고 왕의 힘이 강해지려면 신라에 불교가 널리 퍼져야 한다고 믿었어요. 사람들이 불교를 믿으면 하나로 뭉치기 쉽고 또 왕이 부처님에 버금가는 존재라고 사람들이 믿으면 왕의 권위가 그만큼 높아지니까요. 하지만 전통 종교를 믿으며 왕의 힘이 커지는 걸 꺼리던 신하들은 불교가 공식적으로 인정되는 걸 심하게 반대했어요.

순교비 옆면에는 법흥왕과 이차돈이 어떻게 어려움을 이겨 냈는지 기록했어요. 왕의 고민을 눈치 챈 이차돈은 결심을 하고 왕에게 불교를 인정받기 위해 자신이 목숨을 내놓겠다고 말했어요. 이차돈은 일부러 잘못을 저질렀고(신라의 역사가 기록된 『삼국유사』에서는 이차돈이 왕의 명령을 어기고 절을 짓는 걸 방해했다고 했어요) 법흥왕이 약속대로 이차돈을 죽였더니 순교비의 그림과 같은 일이 생겼다는 설화가 전해져요.

불교를 반대하던 신하들은 이차돈의 죽음을 계기로 불교를 퍼뜨리려는 왕의 확고한 뜻을 알아채고 생각을 바꾸었어요. 마침내 신라에서는 불교를 공식적으로 인정했고 불교는 점차 신라 사람들에게 퍼져 나갔어요. 이렇게 되자 신라의 왕은 불교를 적극 활용해 나라를 다스렸어요.

우선 왕이 이름을 불교식으로 바꾸었어요. 불교를 나라의 종교로 만들려고 애쓴 왕이 법흥왕이었는데, 왕의 이름에 나오는 '법'은 법률을 의미하는 것이 아니라 불교를 뜻해요. 선덕여왕의 아버지 진평왕은 아예 가족의 이름을 불교 경전에 나오는 인물의 이름으로 지었어요. 자신의 이름은 석가모니의 아버지인 백정, 왕비의 이름은 석가모니의 어머니인 마야, 두 딸의 이름 역시 불교 경전에서 유래한 덕만과 승만으로요.

황룡사 터.

분황사.

　　이름만 그런 건 아니었어요. 신라의 수도 한복판에 거대한 절 황룡사를 지었는데, 지금은 건물은 사라지고 터만 남았지만 그 터만 봐도 절의 규모가 엄청나 깜짝 놀라요. 황룡사뿐만 아니라 곳곳에 절을 지어 불교를 널리 퍼뜨렸어요. 선덕여왕은 여자가 왕이라고 무시하지 못하도록 황룡사 곁에 분황사를 지었는데, 이 이름은 향기로운[분(芬)] 임금님[황(皇)]의 절[사(寺)]이라는 뜻이에요.

금관을 정말 머리에 썼을까요?

천마총 금관.

금빛이 반짝거리는 금관이에요. 아래쪽에는 금으로 만든 허리띠가 감겼어요. 금관에는 복잡한 세움 장식이 달렸고 여기에는 나뭇잎처럼 생긴 달개 장식과 굽은 옥이 화려하게 달렸어요. 머리에 금관을 쓰고 배에 허리띠를 두른다면 어깨가 으쓱할 거예요. 금관은 신라의 왕이나 왕족이 사용한 것으로 보여요. 이 금관의 총 무게는 1,262그램으로 가볍지 않아 정말 머리에 쓴 건지 아리송해요.

금관의 장식은 단지 멋지라고 만든 건 아니에요. 앞과 옆에 달린 세움 장식은 나무를 상징해요. 이 나무는 사람이 사는 땅과 신이 있는 하늘을 연결해 주는 신령한 나무예요. 신라 사람들은 이 나무를 이용해 두 세상을 다닐 수 있다고 믿었어요. 뒤쪽에 달린 건 사슴뿔로 사슴 역시 두 세상을 이어 주는 신령한 존재예요. 특별한 뜻을 지닌 금관은 특별한 사람만 사용할 수 있었는데, 그들이 신라의 왕과 왕족 들이에요.

그런데 신라에서는 늘 금관을 만든 건 아니에요. 신라의 왕을 마립간으로 부르던 시기에 집중적으로 만들었어요. 신라의 왕과 왕족은 보통 사람과는 다른 특별한 존재라는 걸 과시하고 권위를 세우기 위해서였어요.

천마총.

　　이 금관은 경주에 있는 천마총이라는 무덤에서 발견되었어요. 천마총은 1973년에 발굴되었는데, 무덤 안에서 천마가 그려진 말다래(말 탄 사람 바지에 흙이 튀는 걸 막으려고 말 옆구리에 다는 판)가 발견되어 천마총이라고 이름 붙였어요. 총은 주인은 모르지만 중요한 유물이 나온 무덤을 뜻해요. 천마총의 주인은 확실하지 않지만 지증왕이나 바로 전 왕인 소지마립간이 아닐까 추정해요.

　　천마총은 발굴을 끝낸 후 사람들이 무덤 안으로 들어가 살펴볼 수 있도록 내부를 바꿨어요. 무덤 안에는 나무로 큰 방을 만들고 그 안에 시신을 넣은 관과 주위에 여러 가지 물건을 넣었어요. 관 안에는 얼굴 부근에 금관이 놓였고 금관 바로 아래쪽으로 목걸이가 놓였어요. 즉 금관의 아랫부분이 목에서 발견되었는데 좀 이상하지 않나요? 이렇게 발견되려면 금관은 머리가 아니라 얼굴을 감싸야 하거든요. 이 모습을 눈여겨보고 금관은 살아 있을 때 머리에 쓴 것이 아니라 죽은 사람의 얼굴을 감싼 장례 용품이었을 거라고 주장하는 사람도 있어요.

지금까지 알려진 것처럼 금관이 머리에 쓴 것인지, 아니면 죽은 사람의 얼굴을 감싼 장례 용품인지 알기 위해서는 더 연구가 필요해요.

천마총 내부.

성덕대왕신종을 에밀레종으로 부르면 곤란하다고요?

성덕대왕신종.

하늘을 나는 아름다운 비천상.

종이 제 역할을 하려면 종소리가 좋아야 해요. 성덕대왕신종은 뛰어난 종소리로 널리 알려졌어요. 소리의 비밀을 잠깐 살펴볼까요. 종을 치면 잠시 후 다른 소리는 사라지고 두 가지 소리만 남는데, 이 소리가 주기적으로 커지고 작아져요. 이 현상을 맥박이 뛰는 것과 비슷하다고 해서 맥놀이 현상이라고 불러요.

성덕대왕신종의 종소리는 예부터 사람의 마음을 사로잡았어요. 아름다운 종소리가 파도처럼 밀려와 마음을 움직이거든요. 멋지게 생기고 종소리가 아름다워 이 종은 세계 최고의 종으로 평가를 받아요. 그런데 지금은 종에 균열이 생겨 더 이상 종을 치지 않아 종소리를 직접 들을 수는 없어요. 대신 일정한 시간마다 종 앞 스피커에서 녹음된 종소리가 나오고 신라미술관 디지털 영상관에서 성덕대왕신종의 소리를 들을 수 있어요.

이렇게 뛰어난 종은 언제 만들었을까요? 다행히 종에 글이 남겨져 있어 종이 만들어진 역사를 알 수 있어요. 771년 혜공왕이 세상을 떠난 할아버지 성덕왕을 기리며 만들었고 종 이름은 '성덕대왕신종(聖德大王神鍾)'이라고 썼어요. 원래는 혜공왕의 아버지 경덕왕이 그의 아버지인 성덕왕을 기리기 위해 만들기 시작했는데 여러 어려움 끝에 혜공왕 때 완성했어요. 성덕대왕신종은 불국사, 석굴암과 함께 수준 높은 통일신라의 문화를 대표해요.

석굴암.

성덕대왕신종에는 전설이 따라다녀요. 종을 만들다 계속 실패하자 엄마가 시주한 아이를 쇳물에 넣어 완성했고 종이 울릴 때마다 아이가 엄마를 원망해서 "에미죄 에미죄"라는 소리가 났다는 거예요. 끔찍한 전설 때문에 성덕대왕신종은 에밀레종이라는 별명이 붙었고 이 별명이 본래 이름보다 더 유명해요.

그런데 이 전설은 일제 강점기 때 만들어진 거예요. 자비를 베푸는 불교에서 이런 끔찍한 일을 했다고 보기 힘들어요. 일제는 끔찍한 전설을 식민 지배에 활용했어요. 즉 일제가 아무리 부당한 명령을 내리더라도 무조건 따라야 한다는 생각을 널리 퍼뜨리려고 한 거죠. 그러니까 이 종을 에밀레종이라고 부르면 곤란해요.

가야의 대표 문화유산이
국립경주박물관에 있다고요?

도기 기마인물형 뿔잔.

큰 진열장 안에 토기 딱 한 점이 전시되었어요. 네모난 받침대 위에 말을 탄 사람이 놓였어요. 사람과 말은 모두 갑옷을 입었고 무사는 오른손에 창을 들었어요. 전투에 나서 적과 싸우기 직전인 것 같아요. 말 등에는 뿔처럼 생긴 잔이 세워졌어요. 우리나라의 토기 가운데 국보로 지정된 것은 모두 5점인데, 그중 하나가 이 토기예요. 그만큼 귀중하고 가치가 있다는 뜻으로 혼자 전시될 만해요.

도기 기마인물형 뿔잔은 경상남도 김해 지방의 무덤에서 나왔다고 전해요. 만든 시기는 대략 5세기쯤이고요. 나온 곳, 만든 시기, 토기의 형태로 보아 이 토기는 신라가 아니라 가야의 토기가 분명해요. 가야는 낙동강 유역에 세워진 나라들로 뛰어난 토기를 만들고 풍부한 철을 이용해 많은 철기를 생산했어요.

이 토기에서도 가야의 뛰어난 솜씨가 엿보여요. 말의 갑옷은 가로세로로 선을 그어 조각조각을 표현했어요. 실제로 가야의 무덤에서 철로 만든 말 갑옷이 발견되었어요. 갑옷을 입은 말은 적의 공격에도 끄떡하지 않았을 거예요. 무사 역시 갑옷을 입었는데 목 뒤를 보호할 수 있도록 갑옷의 목 부분이 세워져 있고 머리에 쓰는 투구도 잊지 않았어요. 가야는 갑옷의 나라라고 할 정도로 철로 만든 갑옷이 가야의 무덤에서 자주 발견되었어요.

무사를 자세히 보면 얼굴이 보여요. 눈, 코, 입은 간략하게 만들어 자세하지는 않지만 가야 사람의 얼굴이 거의 전해지지 않아 더욱 소중해요. 말은 살짝 입을 벌리고 눈은 동그랗게 파서 만들었는데, 순한 표정이에요. 가야의 무사는 단단히 무장을 하고 무덤의 주인공이 다른 세상으로 갈 때, 혹은 다른 세상에 가서도 적을 만나면 용감하게 물리쳤을 거예요. 이 사람은 무덤 주인공을 든든하게 지켜 주는 무사인 셈이에요.

이 토기의 또 다른 용도는 술잔이에요. 말 등에 달린 뿔 모양으로 생긴 잔에 술을 담았어요. 가야의 여러 무덤에서 뿔 모양으로 만든 토기 잔이 발견되었어요.

김해시청 앞 도기 기마인물형 뿔잔 모양의 조형물.

김해 지역에서는 이 토기를 김해의 대표 문화유산으로 선정해 홍보하고 있어요. 가야를 다룬 많은 책에서도 이 토기를 가야의 대표 문화유산으로 꼽아요. 그런데 왜 이 토기는 김해 대신 신라의 문화유산을 전시한 국립경주박물관에 있는 걸까요?

의사였던 이양선 선생은 오랫동안 모은 문화유산을 국립경주박물관에 기증했어요. '문화유산은 사고파는 물건이 아니며 또한 개인의 것이 아니고 민족의 것'이라고 생각했기 때문이에요. 기증한 문화유산 가운데 이 토기가 포함되었어요. 이양선 선생은 기증하면서 조건을 걸었어요. 기증한 유물이 어떤 이유로도 단 한 점도 국립경주박물관 밖으로 나가서는 안 된다고 말이에요. 기증자의 뜻을 존중해 이 토기는 계속 국립경주박물관에 전시하고 있습니다.

3 국립공주박물관

무령왕릉의 모든 것을 담다

🏛 박물관 건축

공주는 백제의 두 번째 수도로 백제 때 이름은 웅진이었어요. 국립공주박물관은 백제 왕가의 무덤인 송산리고분군 곁 산자락에 자리 잡았어요. 박물관 건물은 길고 단순한 사각형이에요. 박물관 앞은 박물관의 마스코트인 진묘수가 버티고 섰어요. 야외 정원인 '수호의 정원'은 주제별로 아기자기하게 꾸며져 걷기 좋아요.

💬 박물관 소개

국립공주박물관은 충청남도의 역사와 문화유산, 웅진이 백제의 수도였을 때의 역사와 문화유산을 연구하고 전시해요. 특히 백제의 왕릉인 무령왕릉에서 나온 문화유산이 큰 비중을 차지해요. 무령왕릉의 문화유산은 백제의 저력을 한눈에 보

여 줘요. 박물관에 이웃한 산자락에 자리 잡은 무령왕릉은 박물관을 둘러본 후 꼭 가 봐야 해요.

큐레이터 한 줄 평 ________

 **대표 문화유산**

뛰어난 솜씨로 용과 불꽃 문양을 새겨서 뚫은 모자인 금동관모, 무령왕의 무덤을 지키던 상상의 동물인 무령왕릉 진묘수, 무덤의 주인이 무령왕과 왕비라는 걸 기록해 누구의 무덤인지 알려 준 무령왕릉 지석, 불꽃처럼 이글거리는 무령왕 금제 관식(머리에 쓰는 관 꾸미개), 우아한 공주 의당 금동보살입상을 만날 수 있어요.

 **내가 누구냐면**

나는 무령왕릉을 지키는 수호신 진묘수야. 살아 있는 나를 실제로 본 적은 없을 거야. 현실에서 볼 수 있는 동물이 아니라 상상의 동물이거든. 막상 나를 보면 작고 귀여워서 사진을 찍고 싶을 걸. 생긴 건 이래도 나쁜 무리가 무덤 안으로 들어오면 언제라도 맞설 준비가 돼 있어. 무령왕릉이 한 번도 도둑맞지 않은 건 다 내 덕분이야.

무령왕릉 진묘수.

충청권역 수장고.

 ## 여기는 꼭 둘러봐

국립공주박물관 건물 왼쪽에는 충청도의 국립박물관들이 함께 사용하는 거대한 수장고가 있어요. 수장고는 박물관의 보물 창고예요. 이곳은 여러분이 직접 들어가 관람할 수 있도록 했어요. 그리고 수장고에서 문화유산을 어떻게 관리하는지 알려 줘요. 이곳에는 무려 150만 점의 문화유산을 보관할 수 있어요. 수장고 안에 들어가면 사방을 가득 채운 문화유산을 보고 깜짝 놀랄 거예요.

돌판의 기록으로 무덤의 주인공을 알아냈다고요?

무령왕의 지석(위).　왕비의 지석(아래).

무령왕릉은 백제의 왕릉 가운데 한 번도 도둑맞은 적이 없는 유일한 무덤이에요. 그래서 무령왕 당시의 문화유산을 고스란히 발견할 수 있었어요. 그리고 무덤의 주인공을 확실히 알 수 있는 유일한 백제 무덤이기도 하고요. 이 무덤이 누구의 것인지 알려 주는 문화유산이 이 두 장의 돌판이에요. 돌판에는 한문으로 무덤의 주인공인 무령왕과 왕비와 관련된 글이 쓰였어요. 무덤의 주인공과 관련된 기록이 있는 돌판을 지석이라고 불러요.

"영동대장군 백제 사마왕이 62세 되는 계묘년 5월 7일 임진날에 돌아가셔서 을사년 8월 12일 갑신날에 이르러 대묘에 예를 갖추어 안장하고 이와 같이 기록한다."

무령왕의 지석에는 이렇게 쓰였어요. 지석은 무령왕릉 입구에 좌우로 놓였어요. 만약 이 지석이 없었다면 무령왕릉의 문화유산이 아무리 화려하고 멋져도 빛을 많이 잃었을 거예요. 기록은 그만큼 중요해요.

지석을 바탕으로 왕과 왕비에 대해 알아볼까요. 영동대장군은 중국에서 무령왕에게 준 직책으로 백제가 약한 나라가 아니라 중국에서도 인정하는 강국이란 걸 뜻해요. 사마는 무령왕의 이름으로 무령왕은 이 이름 외에도 융이라는 이름도 있어요. 그렇다면 백제 왕의 성은 무엇이었을까요? '부여'예요. 그러니까 무령왕의 이름은 부여사마, 부여융이에요. 무령왕은 62세에 세상을 떠났는데 그해가 523년이었어요. 무령은 조선 시대의 세종이나 영조처럼 왕이 죽은 다음에 붙은 이름이에요. 그는 523년에 세상을 떠나 525년에 무덤에 묻혔고 왕비는 526년에 세상을 떠나 529년에 같은 무덤에 묻혔어요.

박물관에 전시된 지석 복제품. 지석 뒤에는 진묘수가, 지석 위에는 돈 꾸러미가 놓여 있다.

옛 기록에 따르면 무령왕은 잘 생기고 인자했다고 해요. 475년 고구려의 공격으로 백제는 급하게 수도를 한성(지금의 서울)에서 웅진으로 옮겼어요. 무령왕은 한동안 약했던 백제를 튼튼하게 만들었고 고구려의 공격에 맞서 싸웠어요. 또 백성들의 생활을 안정시키기 위해 노력했어요. 굶주리는 사람들에게 먹을 것을 나눠 주고 농사를 잘 지을 수 있도록 애썼어요. 백제의 국력을 키운 무령왕 덕분에 그의 아들 성왕은 수도를 좁은 웅진에서 널찍한 사비(지금의 부여)로 옮길 수 있었어요.

그런데 돌판에 있는 구멍은 뭘까요? 원래 신에게 이 땅을 살 때 지불한 돈 꾸러미를 묶은 흔적으로 보여요. 나중에 왕비가 같이 묻힐 때는 돈 꾸러미를 구멍에 묶지 않고 지석 위에 올려놓았어요.

왕도 머리를 화려하게 장식했다고요?

무령왕 흉상(왼쪽)과 무령왕 금제 관식(오른쪽).

한눈에 봐도 예사롭지 않은 문화유산이 쌍으로 전시되었어요. 금빛을 반짝거리며 화려함을 뽐내는 이것은 왕이 머리에 쓰던 관을 장식했어요. 관의 좌우를 장식했기 때문에 쌍으로 있는 거예요. 멋진 장식으로 왕의 권위를 자랑한 왕은 백제 25대 무령왕이었어요. 무령왕의 무덤인 무령왕릉은 아무도 왕릉이 있을 거라곤 상상하지 못한 곳에 있다가 우연히 발견되어 갑자기 세상에 나타났어요.

1971년에 백제 왕가의 무덤이 있는 송산리고분군에서 일어난 일이에요. 무령왕릉 앞쪽 무덤에 자꾸 습기가 차 물이 잘 빠지도록 이 무덤 뒤쪽으로 배수로를 파던 중이었어요. 공사를 하

송산리고분군에 있는 무령왕릉.

금제 관식이 들어 있던 왕과 왕비의 관.

다 땅속에서 딱딱한 곳이 발견되어 그곳을 파 보니까 무령왕
릉이 보인 거예요. 앞쪽에 무덤 둘이 있고 뒤쪽에는 언덕처럼
뭔가가 솟았는데, 언덕처럼 보이는 것이 바로 무령왕릉이었어
요. 무령왕릉이 언덕처럼 솟은 데다 두 무덤이 앞을 탁 가로
막아서 아무도 그 언덕이 무덤일 거라곤 상상하지 못했어요.

무덤을 발견하고 3일 후인 7월 8일 무덤을 발굴하기 시작
했어요. 발굴을 하기 전에 무덤 앞에서 제사를 지내고 무덤의
문을 열었어요. 무덤 안에서 약 4,600여 점의 문화유산이 나
왔어요. 대표적인 것 가운데 하나가 금으로 만든 무령왕과 왕
비의 관 장식이었어요.

무령왕의 관 장식은 금판을 뚫어서 만들었어요. 풀들이 거
센 바람에 흩날리는 것처럼 보이기도 하고 바람에 불꽃이 흩
어지는 것 같기도 해요. 나뭇잎 같은 동그란 장식이 달려서 작
은 진동에도 파르르 떨려요. 실제로 관 장식 근처에서 사람이

무령왕비 금제 관식.

움직일 때마다 떨리니까 박물관에 가면 확인해 보세요.

　같이 발견된 왕비의 관 장식은 지금 어디에 있을까요? 왕비의 것은 국립중앙박물관 백제실에 전시되었어요. 국립공주박물관에 있는 건 거의 비슷하게 만든 복제품이에요. 왕비의 관 장식은 바람이 멎은 것처럼 단정하고 조용해요. 가운데에는 꽃병이 있고 그곳에서 연꽃 한 송이가 피어났고 좌우의 무늬는 비슷해요.

　무령왕릉에서 나온 관 장식을 온전하게 보려면 국립공주박물관과 국립중앙박물관을 모두 방문해야 해요. 왕과 왕비의 관 장식을 볼 때는 비슷한 점과 차이점을 찾아보고 머리에 썼을 때 어떻게 보였을지 상상해 보면 좋겠어요.

4 국립부여박물관
백제의 영광과 비극을 마주하다

🏛 국립부여박물관 건축

국립부여박물관은 뒷산에 어울리도록 건물을 낮게 지었어요. 박물관 안으로 들어가면 8각형의 넓은 로비가 나와요. 로비 가운데는 백제 때 만든 화재 방지의 기원을 담은 큰 물그릇이 놓였어요. 로비는 옛집의 마당과 같은 역할을 해 사방의 전시실로 연결되었어요. 박물관 지붕은 한옥의 지붕을 현대적으로 바꾸었어요.

💬 박물관 소개

사비(지금의 부여)는 백제의 세 번째 수도였어요. 사비 백제는 백제 역사에서 가장 화려한 문화가 꽃핀 시기였고 또 백제가 역사에서 사라진 시기이기도 했어요. 국립부여박물관은 이 시기의 역사와 문화유산을 연구하고 전시했는데 백제를 다룬

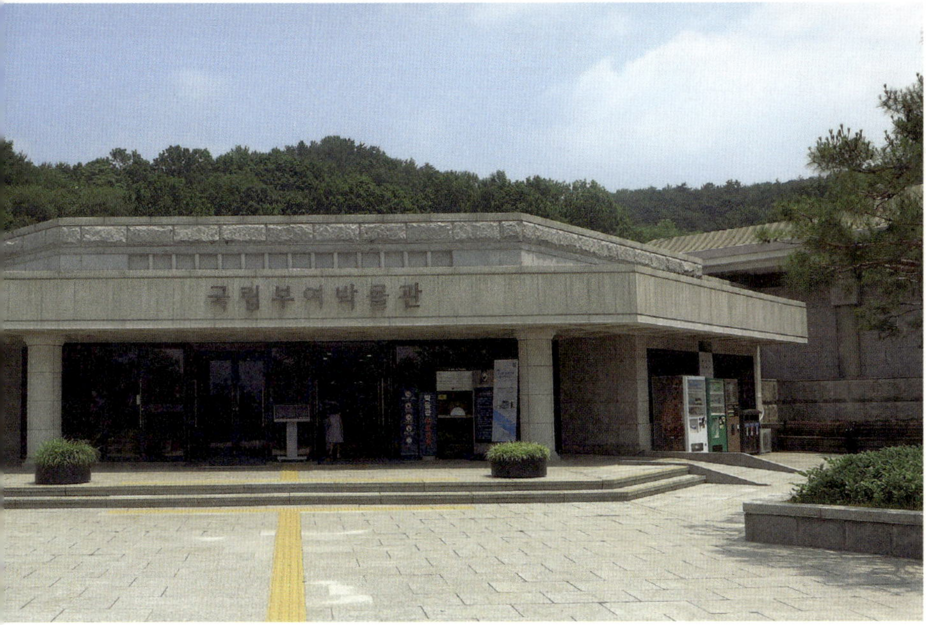

박물관 가운데 전시가 가장 다양해요. 아울러 충청남도 서부 지역의 선사 시대 문화와 고대 문화도 볼 수 있어요.

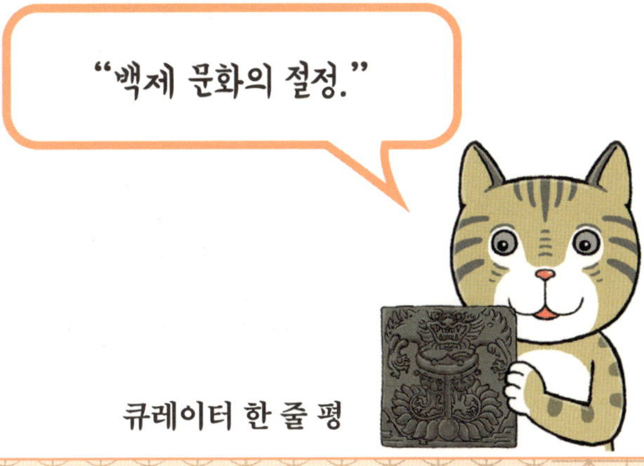

큐레이터 한 줄 평

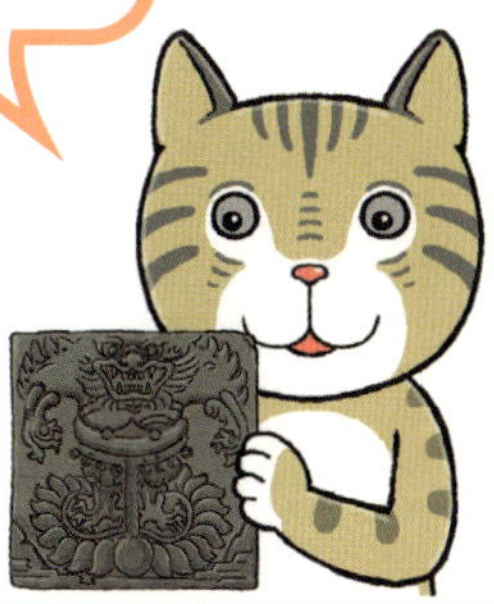

 **대표 문화유산**

백제 미술의 뛰어난 솜씨를 대표하는 백제금동대향로, 왕이 행차하던 왕실 사찰인 왕흥사지에서 나온 부여 왕흥사지 사리장엄구(부처님의 사리를 담은 그릇), 아름답고 세련되어 역사책에 자주 실리는 부여 외리 문양전(무늬가 있는 벽돌) 일괄, 우아한 미소가 돋보이는 부여 규암리 금동관음보살입상, 유일한 백제 시대 비석으로 백제의 불교 문화를 알려 주는 부여 사택지적비를 만날 수 있어요.

 **내가 누구냐면**

나는 '백제의 미소'로 알려진 보살이야. 내 얼굴을 보면 근심 걱정으로 둘러싸인 사람이라도 마음이 편안해질 거야. 구슬을 든 오른손, 옷자락을 쥔 왼손의 맵시도 빼놓을 수 없지. 몸은 가늘고 길고 우아해. 나를 만나거든 나와 눈 마주치는 거 꼭 기억해 줘.

부여 규암리 금동관음보살입상.

호자.

 **여기는 꼭 둘러봐**

국립부여박물관에는 쓰임새가 알쏭달쏭한 유물이 여럿 있어요. 입은 활짝 벌리고 등에 손잡이가 달린 호랑이 모양의 호자, 길쭉한 바가지 모양으로 생긴 토기가 그래요. 이 문화유산은 백제의 남자와 여자가 사용한 변기로 보여요. 이리저리 쓰임새를 찾아보는 동안 멀고 먼 백제 사람들이 어느새 여러분 곁으로 와 있을 거예요.

백제의 영광과 비극을 함께 간직한 문화유산이 있다고요?

백제금동대향로.

1993년이었어요. 부여 능산리 왕가의 무덤 옆에 방문객을 위한 주차장을 만들려고 했어요. 주차장을 만들기 전에 먼저 땅속에 옛날 유적이 있는지 조사했어요. 그런데 정말 땅속에서 백제의 유적이 나타났어요. 발굴을 계속하던 12월 12일, 조사원은 물속에서 반짝거리는 걸 보았어요. 그것은 백제 유적 발굴 역사상 최고의 걸작으로 불리는 백제금동대향로였어요.

주차장으로 만들려던 이곳은 알고 보니 왕가의 무덤을 지키던 절이었어요. 이 향로는 왕과 왕족의 명복을 빌 때 사용하던 향로였고요. 그러니까 백제인들은 최고의 솜씨와 정성을 다해 향로를 만들었어요.

660년 신라가 당나라와 함께 백제의 수도 사비를 공격했어요. 왕가의 무덤을 지키던 이 절도 전쟁의 회오리바람을 피하지 못했을 거예요. 승려들은 사태가 심각하다는 걸 깨닫고 보물 중의 보물인 이 향로를 안전하게 지키기 위해 물통에 넣고 여러 물건으로 빈틈을 채웠어요. 끝내 백제는 멸망했고 이 향로도 백제의 역사와 함께 묻혀 버렸어요.

이 향로는 높이가 61.8센티미터, 무게는 11.8킬로그램이에요. 그럼 이 유물이 향로라는 증거를 찾아볼까요. 뚜껑 가장 위쪽에 있는 봉황이라는

능산리 절터.

향로 뚜껑(왼쪽). 향로 뚜껑의 장식(오른쪽).

새의 가슴을 자세히 보면 구멍이 뚫렸어요. 이 구멍으로 향의 연기가 나와요. 산 모양으로 생긴 향로 뚜껑에는 크고 작은 열 개의 구멍이 보이는데, 모두 향 구멍이에요.

이 향로는 하나하나 뜯어보는 즐거움이 커요. 뚜껑은 산이 물결처럼 이어졌어요. 이 산은 신선들이 산다는 전설의 산인 박산이라고 해요. 가장 위에는 다섯 악사들이 연주하는 중이에요. 그 아래로 사람 12명, 동물 42마리, 산봉우리 74곳이 있어요. 또 나무며 폭포며 시냇물까지 볼 수 있어요. 그중 말을 타고 달리면서 몸을 뒤로 돌려 화살을 쏘는 사람과 코끼리를 타고 가는 사람이 인상적이에요

몸통에도 멋진 장면이 펼쳐져요. 몸통은 활짝 핀 연꽃 모양으로 연꽃은 불교에서 중요하게 여긴 꽃이에요. 연꽃잎 하

향로 몸통과 받침.

나하나에 갖가지 동물들이 있어요. 물고기며 새며 특이한 동물들까지 하늘과 땅과 물에서 사는 갖가지 동물들이 모였어요. 심지어 악어와 비슷한 동물까지 보여요.

가장 아래쪽에는 꿈틀거리는 용이 입으로 연꽃 줄기를 문 채 하늘로 향해요. 동그랗게 휘감아 만든 다리로 안정적으로 향로를 받쳤어요. 온몸을 힘차게 움직이는 용은 백제의 저력을 보여 주는 것 같아요.

"백제의 역사를 바꾼 위대한 작품이다."

사람들은 향로를 이렇게 평가해요. 여러분은 어떤가요?

섬세하고 우아하면서 웃긴 벽돌이 있다고요?

부여 외리 무늬 벽돌.

우리나라에서 해외 전시를 가장 많이 나간 문화유산이 백제 때 만든 무늬가 있는 벽돌이에요. 이 문화유산은 1960년부터 2019년까지 모두 22회에 걸쳐 총 6,408일 동안 해외에 있었어요. 그리고 백제 관련 책에는 백제의 대표 선수로 자주 실리곤 해요. 뿐만 아니라 부여에서는 이 벽돌을 본떠 길에 조형물을 설치하고 부소산성의 조명에 이 무늬를 넣었어요. 왜 이 벽돌이 백제를 대표하는 문화유산이 되었는지 살펴봐요.

일제 강점기인 1937년 3월 어느 봄날이었어요. 부여 외리라는 동네에 사는 농부가 밭에서 나무뿌리를 캐다 땅속에서 벽돌을 발견했어요. 벽돌 약 30여 점이 9미터 정도로 가지런히 놓였어요. 이렇게 무늬가 있는 벽돌이 오랜 침묵을 깨고 세상에 나왔어요. 그런데 이상한 건 벽돌이 반대로 놓인 것도 있고 그곳이 절터도 아니었다는 거예요. 다른 절에 사용된 걸 어떤 이유인지는 모르겠지만 훗날 이곳으로 옮긴 걸로 추정해요.

무늬 벽돌의 발견 당시 모습.

산수 무늬 벽돌.

이 무늬 벽돌은 모두 8가지 종류예요. 산, 귀신, 용, 봉황, 연꽃, 구름이 무늬의 주요 소재이고요. 이 벽돌은 붕어빵처럼 무늬가 있는 틀로 찍은 후 불에 구워 만들었어요. 벽돌의 옆모서리에는 홈을 파 이곳에 무언가를 끼워 넣어 다른 벽돌과 단단하게 연결했어요. 백제 사람들은 벽돌을 연결해 중요한 건물의 벽을 꾸민 것 같아요.

벽돌들은 모두 아름답지만 특히 산수 무늬가 있는 벽돌과 귀신 무늬가 있는 벽돌이 제일 인기가 높아요. 산수 무늬 벽돌을 볼까요. 벽돌 곳곳에 둥글고 아기자기하게 산을 표현했어요. 가장 아래쪽에 수평을 이루다 한 단씩 내려간 건 물결이에요. 가장 위에는 구름이 바람에 날아가요. 오른쪽 아래에는 집으로 걸어가는 사람이 보이고 아래쪽 가운데 산속에 집이 자리 잡았어요. 백제 사람들은 벽돌에 그들이 꿈꾼 세상을 한

귀신 무늬 벽돌.

폭의 산수화처럼 펼쳤어요.

귀신 무늬가 있는 벽돌은 사람들을 웃기려고 작정했나 봐요. 귀신 무늬 벽돌 속 귀신은 입을 잔뜩 벌리고 날카로운 이빨을 자랑하는 것도 모자라 있는 힘껏 가슴과 팔과 다리 근육을 부풀렸어요. 손가락과 발가락은 또 어떻고요. 지금 이 순간도 살아 있는 것처럼 온통 꿈틀거려요. 그런데도 무섭다기보다는 어딘지 친근하고 심지어 허당인 것 같아 볼수록 마음씨 좋은 친구 같아요.

무늬가 있는 벽돌은 백제가 화려한 문화를 꽃피웠을 때 만들어졌어요. 간결하지만 섬세하고 우아하면서도 역동적이에요. 지금도 이 점이 높은 평가를 받아 오랫동안 백제를 대표하는 문화유산이 되었어요.

5 국립익산박물관

백제의 역사를 발굴하는 시간 광산

국립익산박물관 건축

박물관 안내판은 있는데 정작 박물관은 어디 있는지 보이지 않아요. 넓은 터에 펼쳐진 미륵사지와 큰 탑을 방해하지 않도록 지하에 박물관을 만들었기 때문이에요. 경사로를 따라 쭉 내려가면 드디어 전시실이 나와요. 경사로는 땅속에 묻힌 백제의 역사를 만나러 가는 길인 셈이에요. 박물관에서는 이 박물관을 이렇게 소개해요.

"역사를 발굴하는 시간 광산, 국립익산박물관."

박물관 소개

국립익산박물관은 백제에서 가장 큰 절인 미륵사지 안에 있어요. 이곳은 서동 설화로 널리 알려진 백제 무왕이 정성을 기울인 곳이에요. 박물관에서는 미륵사지를 비롯해 백제 끝 무

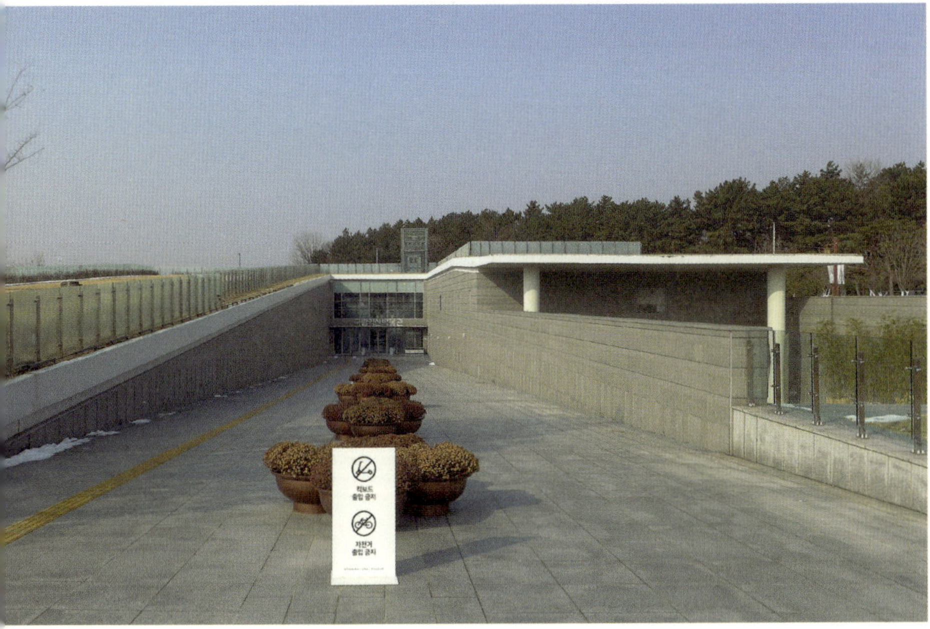

렵에 있었던 이 지역의 역사와 문화유산을 전시해요. 익산과 군산의 고대 문화도 전시하고 있어요.

"미륵사지와 잘 어울리는 박물관."

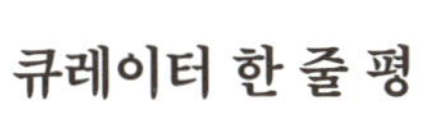

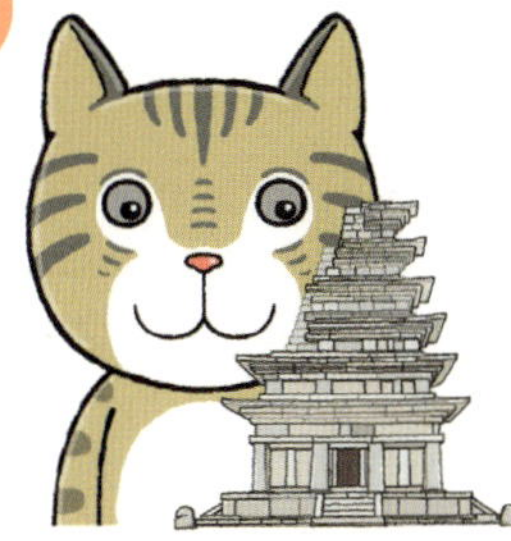

큐레이터 한 줄 평

 대표 문화유산

자신의 높은 신분을 자랑하기 위해 금동으로 만든 백제의 모자와 신발, 미륵사지 서탑에서 나온 귀중한 보물인 사리장엄구, 은판으로 만든 책이 들어 있는 익산 왕궁리 오층석탑 사리장엄구, 미륵사지에 있던 건물 지붕을 장식한 치미, 미륵사지에서 발견된 동그란 금동향로를 만날 수 있어요.

내가 누구냐면

나를 처음 본 사람들은 내 정체를 몰라 고개를 갸우뚱거려. 내 이름은 치미야. 나는 미륵사의 중요한 건물 지붕 꼭대기 양쪽에 놓였어. 이제 좀 상상이 되니? 활짝 펼친 새의 날개 같기도 하고 물고기의 꼬리처럼 보이기도 해. 알쏭달쏭한 게 나의 매력이야. 내가 지붕에 있으면 멋져 보이기도 하는데, 사람들은 건물에 불이 나지 말라는 기원을 담아 나를 만들었다고 해.

치미.

미륵사지 전경.

 **여기는 꼭 둘러봐**

박물관 옆으로 가면 미륵사지가 나와요. 서동 설화로 유명한 백제 무왕과 선화 공주의 이야기가 깃든 곳이에요. 무왕은 미륵사를 크게 세워 부처님의 도움을 받고 자신의 권위를 널리 과시하려고 했어요. 원래 넓은 터에 건물이 빼곡하게 들어섰는데 지금은 흔적만 남았어요. 동쪽에 있는 석탑은 새로 만들었고 서쪽에 있는 석탑은 옛 재료와 새 재료를 활용해 다시 세웠어요.

탑에서 엄청난 보물이 나왔다고요?

사리봉영기(앞).　　사리봉영기(뒤).

손바닥만 한 판 앞뒤로 한문이 가지런히 새겨졌어요. 노랗게 반짝이는 이 판은 금으로 만든 거예요. 미륵사지 서탑 안에서 이 금판이 나왔을 때 그 자리에 있던 사람들은 모두 놀랐어요. 거기에 미륵사지의 수수께끼를 풀어 줄 기록이 담겼거든요. 이 판과 함께 뛰어난 백제의 문화를 알려 주는 다른 보물도 함께 있었어요. 이 보물들을 통틀어 사리장엄구라고 불러요. 사리는 부처님을 화장한 후 나온 알갱이이고 장엄구는 사리를 담은 그릇 및 함께 넣은 귀중한 물건을 뜻해요.

미륵사지 서쪽에 있는 커다란 석탑이 무너질 가능성이 높았어요. 이미 윗부분은 무너져 일제 강점기 때 더 이상 무너지지 않도록 시멘트를 발랐는데 시간이 흐르면서 문제가 생긴 거예요. 논의 끝에 탑을 해체한 후 튼튼하게 다시 쌓기로 결정했어요. 탑을 차근차근 뜯다 보니 어느새 1층에 이르렀어요. 여기에서 작업에 참여한 사람들의 의견이 갈렸어요. 1층은 튼튼하니까 그냥 두자. 아니다, 모두 해체해 잘 살펴봐야 한다. 논의 끝에 모두 해체하기로 했어요.

미륵사지 서탑.

미륵사지 서탑 심주석.

미륵사지 서탑 사리장엄구를 넣었을 때 상상 그림. 국립익산박물관 영상.

1층에 있는 탑의 중심 기둥을 들어내자 그 안에 네모난 구멍이 보였어요. 그리고 그 구멍에서 사리장엄구가 반짝거렸어요. 기록이 있는 금판(이걸 '사리봉영기'라고 불러요)이며 사리를 담은 바깥 항아리며 갖은 보물들이 빼곡하게 들어찼어요. 사리를 담은 바깥 항아리 안에는 러시아 전통 인형인 마트료시카처럼 작은 항아리와 유리병이 들었고 그 주위는 유리구슬 3,892알, 금구슬 48알, 자수정 50알로 채워졌어요.

그중에서도 사람들의 관심은 금판의 기록에 모아졌어요. 금판에는 무왕의 부인이 백제 귀족인 사택적덕의 딸이고 이 탑은 639년에 만들었다고 기록되었어요. 『삼국유사』에는 무왕의 부인인 선화공주가 미륵사를 만들었다고 했어요. 선화공주는 신라 진평왕의 딸로 서동 설화의 또 다른 주인공이기도 해요. 금판 기록에서 선화공주라는 이름이 나올 것으로 예상했던 사람들은 당황했어요.

사리를 담은 항아리. 오른쪽에 있는 작은 항아리가 왼쪽의 바깥 항아리 안에 들어간다.

바깥 항아리 안을 채웠던 구슬들.

그럼 선화공주 이야기는 허구일까요? 당시 무왕의 부인인 왕비가 한 명이 아니라 여러 명일 수 있다, 무왕의 부인인 선화공주가 죽은 후에 사택적덕의 딸이 왕비가 되었다는 등 학자들은 다양한 가능성을 제시했어요. 선화공주 수수께끼는 아직도 속 시원하게 풀리지 않았어요. 역사에서는 오랫동안 사실일 거라 믿은 것도 새로운 증거가 나오면 바뀌기도 해요.

미륵사를 만든 주인공인 무왕은 백제의 국력을 키워 신라를 공격해 여러 지역을 함락시켰어요. 신라 입장에서 무왕은 위협적인 존재였어요. 무왕의 아들은 백제의 마지막 왕이 된 의자왕이에요. 의자왕 때 백제가 신라에게 멸망당하면서 백제의 자랑 미륵사는 영광을 오래 누리지 못했어요.

탑에서 은으로 만든 불경이
발견되었다고요?

왕궁리 오층석탑에서 나온 사리장엄구.

전시실 오른쪽에 탑 사진이 보이고 그 옆으로 여러 유물이 전시되었어요. 탑의 이름은 왕궁리 오층석탑이고, 옆에 전시된 유물은 이 탑에서 나온 사리장엄구예요. 왼쪽 뒤로 노랗게 빛나는 판이 길게 늘어섰는데, 은으로 만들고 금으로 도금한 불경이에요. 멋있는 탑과 뛰어난 사리장엄구는 백제의 무왕과 관련이 깊어요. 무왕은 백제 최대의 사찰 미륵사를 만든 주인공이기도 해요.

이 탑은 국립익산박물관에서 멀지 않은 왕궁리 유적이라는 곳에 있어요. 무왕이 나고 자란 곳이었어요. 무왕은 자신의 고향에 수세식 화장실과 금을 가공하는 시설까지 갖춘 작은 궁궐을 지었어요. 그 후 언제인지 정확히 알 수 없지만 궁궐 안에 사찰이 들어섰어요. 사진 속 탑이 궁궐에 세운 탑이에요.

왕궁리 오층석탑.

　　시간이 한참 흐른 1965년 탑을 해체하고 조사했어요. 이때 탑에서 앞에서 본 여러 문화유산을 찾았어요. 한동안 언제 만든 것인지 여러 추측이 있었는데, 요즘에는 백제 무왕 때 만들었다는 의견이 설득력을 얻고 있어요. 사리를 담았던 금으로 만든 상자를 보면 화려하고 세련되었어요. 무왕 때 백제 문화가 어느 수준에 올랐는지, 무왕이 이곳에 얼마나 관심을 기울였는지 한눈에 알 수 있어요.

　　탑에서 나온 유물 가운데 가장 놀라운 건 불경이에요. 이 불경은 『금강경』이라는 불교 경전의 하나예요. 금빛이 번쩍거리는데 은으로 만든 판에 금으로 도금한 거예요. 금과 은 모두 귀하고 비싼 금속으로 왕의 권위를 세우

유리제 사리병과 금제 사리 내함.

기에 알맞은 재료예요.

　은판은 종잇장처럼 얇아 두께가 0.15밀리미터에 불과해요. 망치로 은판을 계속 두드려 종이처럼 만들었어요. 이렇게 얇은 판에 어떻게 글씨를 썼을까요? 여러 가지 의견이 있지만 가장 설득력 있는 주장은 이래요. 동으로 만든 판에 글씨를 거꾸로 새겨 홈을 만든 후 은판을 대고 글씨가 홈으로 들어가 글자가 만들어질 때까지 몇 번

도금은제경판(위).　도금은제경판 앞부분(아래).

이고 두드리는 거예요. 이렇게 글자가 있는 19장의 은판을 만든 후 금으로 도금해 완성했어요. 굳이 어려운 방법으로 만든건 그만큼 정성을 기울였다는 걸 보여 주기 위해서였다는 거지요.

무왕릉.

무왕의 무덤은 이 탑에서 멀지 않은 곳에 있어요. 무왕은 자기가 태어난 곳에 궁궐을 지었고 죽어서는 수도인 사비(부여)대신 고향에 묻혔어요. 이곳의 문화유산은 그가 비록 시골에서 자랐지만 누구 못지않은 뛰어난 왕이었다는 걸 보여 주는것 같아요.

6 국립나주박물관

영산강 유역 고대 문화와의 만남

🏛 국립나주박물관 건축

국립나주박물관은 고분의 모양을 본떠 만들어졌어요. 고분 주변에 위치한 박물관의 특성을 살리기 위해서였어요. 덕분에 박물관은 주변의 고분과 자연스럽게 어울려요. 주변 환경과 박물관 건물이 조화를 이루며 넓은 정원과 다양한 전시물들이 있어 관람객들이 산책하며 즐길 수 있어요.

💬 박물관 소개

국립나주박물관에서는 영산강 일대의 고대 문화를 만날 수 있어요. 특히 개방형 수장고를 갖추고 있어, 방문객들이 유리창 너머로 고대의 유물들을 생생하게 마주할 수 있습니다. 박물관 외부에는 산책로와 휴식 공간이 마련되어 있어 자연 속

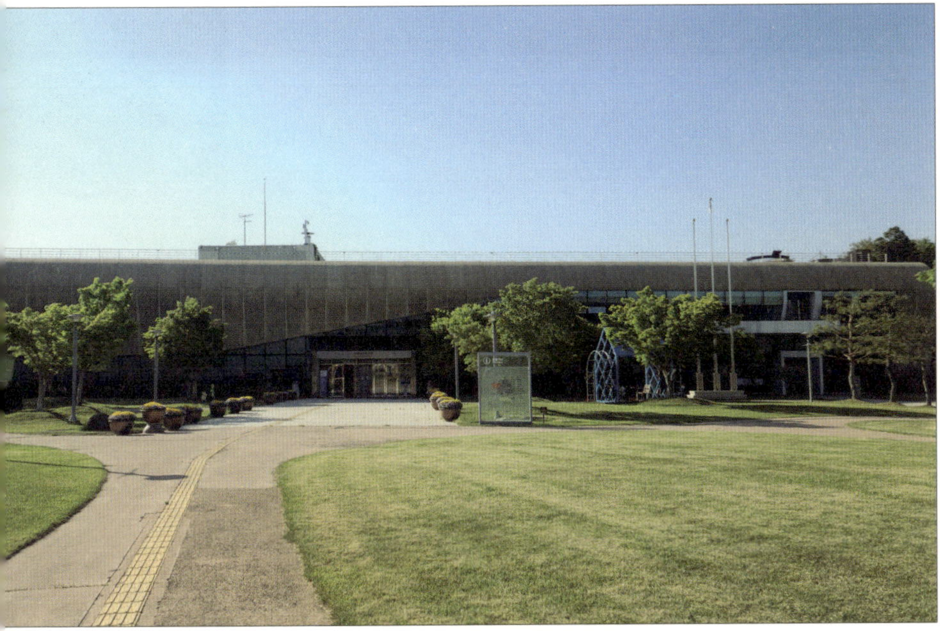

에서 박물관과 함께하는 특별한 체험을 할 수 있어요.

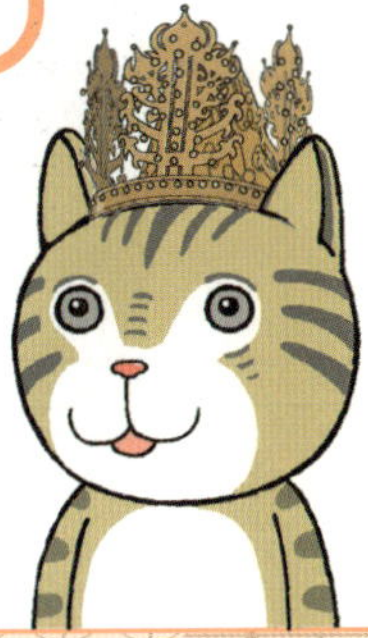

큐레이터 한 줄 평

 ## 대표 문화유산

영산강 유역에서 발굴된 고대 유물들이 많이 있어요. 이 중에서도 나주 신촌리 고분에서 발굴된 신비한 옹관과 금동관, 금동신발은 4~5세기에 꽃핀 마한 지역의 문화를 잘 보여 줍니다. 이러한 유물들을 통해 마한이 독자적인 세력을 형성했다는 점을 알 수 있어요.

내가 누구냐면

나는 나주 신촌리에서 나온 옹관이야. 바로 내 안에서 금동관과 금동신발이 발견되었어. 귀한 보물들이 무덤 속 내 안에 함께 묻힌 것으로 보아 아마도 이 무덤의 주인은 이 지역의 권력자가 아닐까 추측하고 있어. 오늘날 죽은 이를 기리고 추모할 때 옹관을 사용한다면 어떤 물건들을 넣으면 좋을지 함께 생각해 볼까.

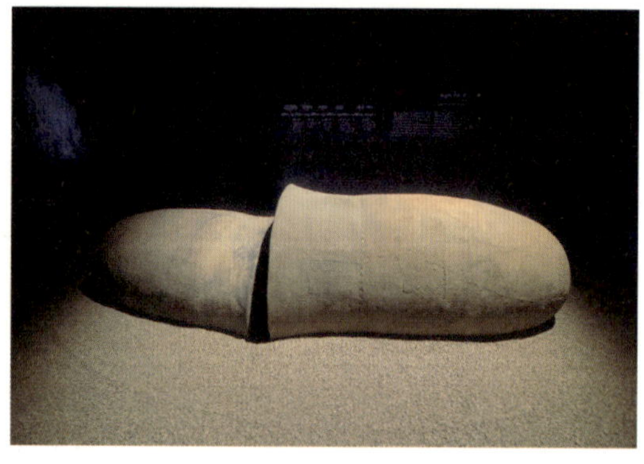

옹관.

하늘정원.

 **여기는 꼭 둘러봐**

국립나주박물관에서는 박물관 건물의 옥상 정원을 관람객들에게 개방했어요. '하늘정원'으로 이름 붙인 이곳에서는 멀리 호남의 소금강과 영암의 월출산뿐 아니라 광주의 무등산까지 바라다보여요. 또 반남고분군의 여러 고분들과 산성이 자리한 자미산을 한곳에서 볼 수 있어요.

고대의 비밀을 담은 항아리가 있다고요?

이 큰 항아리의 정체는 무엇일까요? 놀랍게도 이건 무덤에 들어간 관이에요. 이렇게 커다란 항아리 두 개를 붙여 만든 관을 옹관 또는 독무덤이라고 해요. 독무덤은 세계 각지에서 보이지만, 우리나라에는 대부분 영산강을 끼고 있는 나주 지역에서 집중적으로 발굴되었어요.

독은 옛 사람들이 사용하던 큰 항아리예요. 하지만 이 항아리는 단순히 물건을 담는 용도가 아니었어요. 옹관은 주로 무덤으로 사용되었어요. 고대 사람들은 중요한 인물을 옹관에 모시고, 그 위에 흙을 덮어 무덤을 만들었어요. 그래서 옹관은 고대 사람들의 장례 문화를 알아보는 데 중요한 역할을 해요.

독무덤은 왕릉처럼 흙을 높이 쌓은 커다란 무덤 안에서 발견되었어요. 정확히 누구의 무덤인지는 알 수 없지만 이 지역을 다스렸던 마한의 귀족이나 왕의 무덤이라고 추측하고 있어요. 거대한 무덤에는 꼭 아파트처럼 옹관들이 자리 잡고 있어요. 무덤을 살펴보면 흙과 진흙을 교대로 쌓아 올리고, 안에는 작게는 2기, 많게는 11기의 옹관이 묻혀 있었어요. 이런 옹관은 한번에 여러 개를 묻은 것이 아니라 수십 년에 걸쳐 차례로 묻은 것입니다.

이런 독특한 독무덤을 만든 사람들은 바로 1세기부터 6세기 무렵까지 영산강 유역에 자리 잡고 살았던 마한 사람들이에요. 마한의 지배자들은 대형 독널(점토를 구워서 만든 관)을 무덤으로 사용하는 독특한 문화가 있었어요. 하지만 6세기 이후 한강 지역에서 뻗어 내려온 백제에게 영산강 유역을 빼앗기며 마한은 역사에서 사라졌지요. 이로 인해 더 이상 옹관묘도 등장하지 않습니다. 나라가 바뀌면서 무덤의 형태도 변한다는 것이 신기하지 않나요? 오늘날 우리의 무덤과 장례 문화는 어떤지 한번 생각해 볼까요?

이렇게 화려한 금동관이 고대에 만들어졌다고요?

금동관 대관.

이 금동관은 영산강 지역에 자리한 전라남도 나주시 신촌리 9호 무덤에서 나왔어요. 기록이 많이 남아 있지 않은 마한 사회의 모습을 잘 보여 주는 중요한 유물이에요. 나뭇가지 모양이 화려하게 장식되고, 연꽃의 봉오리 모양까지 담아내어 뛰어난 예술성을 보여 주지요.

나주 신촌리에서 발굴된 금동관은 독무덤에서 발굴된 대표적인 유물이에요. 독무덤에는 시신만 넣은 것이 아니라 죽은 이가 생전에 사용하던 물건과 장례용으로 만든 물건을 함께 넣었어요. 이 금동관은 안에 쓰는 '모관'과 바깥에 쓰는 '대관'이 짝을 이루고 있는 점이 특별해요.

금동관 모관.

대관은 둥근 테 앞쪽과 양 측면에 3개의 나뭇가지 모양의 세움 장식을 붙였고 달개와 유리옥으로 장식했어요. 중앙 부분에는 꽃잎이 6~7개인 연꽃무늬 11개를 표현하였습니다. 모관은 가운데에 활짝 핀 연꽃무늬 아래에 3개의 꽃봉오리를 나란히 표현하고, 주변을 넝쿨무늬와 파도 무늬로 꾸몄어요. 이처럼 화려한 꾸밈과 정교하고 다양한 문양 등을 통해 당시 마한 사람들이 금속을 다루는 능력이 뛰어나고 문화가 발달했다는 것을 알 수 있어요. 영산강 유역 마한의 권력자가 큰 힘을 지녔다는 것도 미루어 알 수 있지요.

마한은 오늘날 경기도·충청도·전라도 지역에 있었고 변한과 진한은 경상도에 있었어요. 이 세 나라를 합쳐 삼한이라고 불러요. 마한은 삼한 가운데 가장 중심적인 위치를 차지했고, 50여 개의 작은 나라들로 이루어졌어요. 영산강 유역의 마한 세력은 백제에 멸망하기 전인 6세기까지 자신만의 독특한 문화를 유지했어요.

7 국립김해박물관

'철의 나라' 가야를 재발견하다

국립김해박물관 건축

박물관 건물은 동그란데, 이건 철광석을 녹여 쇠를 만드는 그릇인 용광로를 상징해요. 박물관 벽을 두른 검은 벽돌은 철광석과 철광석을 녹이는 숯이 검은색이라는 데에서 아이디어를 얻었어요. 박물관 건물의 이러한 모습은 가야가 철의 나라라는 것을 상징해요.

박물관 소개

국립김해박물관은 삼국 시대를 이끈 가야의 역사와 문화를 집중적으로 전시하고 연구하는 가야 전문 박물관이에요. 박물관에서는 가야 이전 부산과 경남 지역의 역사, 가야 사람들의 삶과 문화, 그리고 아름다운 토기와 다양한 철기를 만날 수 있어요.

"가야의 모든 것을 녹인 곳."

큐레이터 한 줄 평

 ## 대표 문화유산

창녕 비봉리 유적에서 나온 우리나라에서 가장 오래된 통나무배, 아슬아슬하게 훼손을 면한 말 갑옷, 전투에서 몸을 안전하게 지켜 주는 갑옷, 죽은 사람을 다른 세상으로 데려다주는 새 모양 토기, 제사에 사용된 작고 귀여운 흙 인형을 만날 수 있어요.

 ## 내가 누구냐면

나는 흙 인형이야. 국립김해박물관에 온 걸 두 팔 벌려 환영해. 점을 콕콕 찍어 만든 눈과 코를 보고 "이건 뭐지?"라고 갸우뚱거렸을지 몰라. 하지만 잠시 우리 얼굴을 보고 있으면 귀여워서 웃고 말걸! 이번 기회에 박물관이 들려주는 가야 이야기를 귀담아들으면 좋겠어.

흙 인형.

구지봉.

 **여기는 꼭 둘러봐**

국립김해박물관은 가야 건국 신화의 무대인 봉우리의 모양이 거북이가 엎드린 모습과 비슷하다고 해서 이름 지어진 구지봉 자락에 자리 잡았어요. 이곳에서 "거북아 거북아 머리를 내놓아라. 그러지 않으면 구워서 먹으리"라고 가야 사람들이 외치자 하늘에서 여섯 개의 알이 내려왔고 알 중에서 가장 먼저 태어난 아이가 금관 가야를 건국한 김수로왕이었어요.

새가 가야 사람의 영혼을 날랐다고요?

새 모양 토기.

"죽은 이여! 큰 새 깃털처럼 훨훨 날아다니게나."

가야 사람들은 새 모양 토기가 죽은 사람의 영혼을 다른 세상으로 날라 준다고 믿었어요. 사람은 날 수가 없으니까 날개가 달린 새의 도움을 받는 거예요. 한편 무덤에 새의 깃털로 만든 부채를 넣기도 했어요. 옛날 중국 기록에는 "가야에서는 큰 새의 깃털을 장례용으로 썼는데, 그 뜻은 죽은 사람으로 하여금 날아오르도록 하고자 해서였다"고 적혀 있어요.

이번에는 구멍의 비밀을 풀어 봐요. 등에 뚫린 구멍에 술과 같은 액체를 붓고 꼬리에 있는 구멍으로 따르는 거예요. 그러니까 이 토기는 새 모양으로 만든 주전자로 손으로 가슴과 꼬리를 받치고 따랐을 거예요. 이 주전자는 무덤에 넣어 주는 등 특별한 의식 때 사용한 걸로 보여요.

가야의 무덤에서는 새 모양 토기뿐만 아니라 여러 사물의 모습을 닮은 토기들이 발견되었어요. 집, 배, 짚신, 수레바퀴, 뿔잔, 동물 등 다양한 모습을 하고 있어요. 배 모양 토기는 다른 세상으로 가다 물을 만나면 이용하고 집 모양 토기는 대개 곡식 창고인데, 다른 세상에서도 배불리 먹으라는 뜻이 담겼어요. 수레바퀴나 짚신은 모두 이동과 관련이 깊은데, 다른 세상으로 잘 가시라는 의미일 거예요.

집 모양 토기(위).　　수레바퀴 모양 토기(아래).

가야의 토기는 신라나 백제에 비해 다양하고 세련되었어요. 토기에 새겨진 문양도 예쁘고요. 새 모양 토기뿐만 아니라 전시된 다른 토기를 봐도 이 점을 잘 알 수 있어요. 그래서 가야를 토기의 나라라고 불러요.

가야는 한 나라가 아니라 여러 나라를 통틀어서 부른 이름이에요. 그중 가장 유명한 나라가 김해에 있던 금관가야, 고령에 있던 대가야, 함안에 있던 아라가야예요. 이 나라 외에도 여러 나라가 있었는데, 나라가 다양하니까 토기들도 개성이 제각각인 거예요. 철기가 발달한 점도 토기의 발달과 관련이 깊어요. 철기를 만들 때 불을 잘 다뤄야 하는 것처럼 토기를 만들 때도 불을 잘 다뤄야 하거든요. 불을 다루는 기술이 발달하면서 좋은 토기가 나온 거예요.

가야에 이웃한 신라는 가야를 차례차례 멸망시켰어요. 가야의 토기는 이후 개성과 아름다움을 잃었어요.

말도 갑옷을 입었다고요?

갑옷을 걸친 말 모형.

전시실 뒤쪽에 갑옷을 입은 말이 전시되었어요. 얼굴, 목, 가슴, 몸통까지 갑옷으로 단단히 둘러 전투도 두렵지 않았을 거예요. 이 말 갑옷은 진짜 말 갑옷을 바탕으로 만든 복제품이에요. 진열장 앞에 위에서 내려다보는 진열장이 가로질러 놓였는데, 이 안에 진짜 말 갑옷이 놓였어요. 이 말 갑옷은 아라가야의 무덤에서 발견되었어요. 말까지 갑옷을 두른 걸 보면 가야는 철의 나라라고 할 만해요.

1992년 6월 경상남도 함안에서 있었던 일이에요. 아침에 한 고등학생이 신문을 배달하던 중이었어요. 아파트 공사 현장을 지나가는데 흙 속에서 쇳조각이 보여 이상하다 싶어서 역사를 공부한 신문 배달 책임자에게 달려가 가져온 쇳조각을 보여 줬어요. 그 책임자는 보통 물건이 아니란 걸 직감하고 재빨리 문화유산 관련 기관에 신고했고 담당자가 공사를 중지시켰어요. 이미 일부는 사라졌지만 신속하게 대처한 덕에 더 이상의 손상을 막고 세상에서 사라질 뻔한 유물을 보존할 수 있었어요. 간발의 차이로 살아남은 유물이 진열장에 전시된 함안 마갑총 출토 말 갑옷이에요.

함안 마갑총 출토 말 갑옷.

가야에서는 말 갑옷뿐 아니라 다양한 철기를 무덤에 넣었어요. 금관가야의 왕으로 추정되는 사람의 무덤을 보면 바닥에 덩이쇠를 이불처럼 깔고 그 위에 왕이 누웠어요. 왕 주위에도 여러 가지 철기가 놓였어요. 왕의 무덤에 덩이쇠와 철기를 넣을 정도로 철은 중요했어요.

당시 이 철 덩어리는 돈으로 사용했어요. 철 덩어리가 돈으로 사용될 수 있었던 건 이것으로 다양한 도구를 만들 수 있기 때문이에요. 호미와 낫 같은 농기구, 도끼와 같은 공구를 제작했어요. 말 갑옷을 비롯해 무사의 갑옷, 칼, 화살촉까지 다양한 무기도 만들었어요. 철기는 엄청 강해서 쉽게 구부러지거나 부러지지 않고 원료를 쉽게 구할 수 있다는 장점이 있었거든요. 물론 녹이 슬면 바스러진다는 단점도 있기는 하지만요. 철을 사용하면서 농업 생산량이 늘어나고 전투도 규모가 커져 나라 사이의 경쟁은 더욱 치열해졌답니다.

김해 대성동 29호분 내부 모형.

가야 무사의 갑옷.

가야는 바다를 이용해 외국으로 철을 수출했어요. 가야의 무덤에서는 종종 배 모양 토기가 나오는데, 이런 배를 철 무역에 사용했을 거예요. 삼국 시대 가야는 다른 나라보다 일찍 역사에서 사라졌지만 가야가 결코 약하지 않았다는 걸 갑옷들이 알려 주고 있어요.

4.
지역의 살아 있는 역사를 알려면 어디로 가면 좋을까요?

1 국립광주박물관

국립광주박물관 건축

국립광주박물관은 전통 한옥 형태의 기와지붕과 배흘림기둥을 현대 건축 소재인 콘크리트와 결합해서 만든 디자인이 돋보여요. 광복 이후 우리 손으로 지은 최초의 지방 박물관으로 전통과 현대가 조화를 이루며 넓은 정원과 나무들이 다양한 전시물들과 함께 있어서 산책하기도 좋습니다. 국립광주박물관은 앞으로 신안 해저 유물을 토대로 상설 전시와 특별 전시를 지속해 광주를 아시아 도자 문화 실크로드의 거점으로 구축하고 아카이브관도 건립할 계획이라고 해요.

박물관 소개

국립광주박물관은 광주와 전남 지역의 역사와 문화를 연구하고 전시하는 중요한 문화 공간이에요. 신안 해저 유물을 통해

아시아 도자 문화의 실크로드를 살필 수 있고, 전통 도자기의 아름다움과 호남 지방의 풍부한 문화 예술 전시들도 자주 열리면서 지역민과 함께하고 있답니다.

큐레이터 한 줄 평

 **대표 문화유산**

신창동 유적지에서 출토된 청동기 시대 유물, 고려 시대를 빛 낸 고려청자와 신안 해저 유물들, 조선 시대 백자의 아름다움 을 느낄 수 있는 백자 항아리, 그리고 조선 시대 화가들의 작 품을 통해 당시의 미술 문화를 엿볼 수 있어요.

 **내가 누구냐면**

나는 지리산 자락에 위치한 광양 중흥산성 쌍사자 석등이야. 내가 있던 곳의 모습을 박물관에서는 사진으로 담아 두었어. 연꽃이 둘 러진 아래 받침돌 위에 두 마리의 사자가 뒷발로 버티고 서서 가슴 을 맞대어 위를 받치고 있어. 석 등을 두어 환하게 어둠을 밝히며 부처님의 광명을 알렸어.

광양 중흥산성 쌍사자 석등.

 **여기는 꼭 둘러봐**

신안 앞바다 해저에서 출수(바다 속에서 건져 올리는 것)된 도자 기를 소개한 XR 체험관 '700년의 시간여행-신안 도자기를 찾아서'에서는 도자기 탐사 보물선인 신안선의 시작과 이후

'700년의 시간여행–신안 도자기를 찾아서' 홍보 영상과 체험 장면.

도자기 출수까지의 과정을 가상현실(VR) 이외 증강현실(AR)로 생생하게 체험해 볼 수 있어요. 수중 출수 과정을 통해 보물선과 만나는 신나는 여행을 할 수 있어요.

도자기에 관심이 있거나 동아시아의 문화를 느껴 보고 싶다면, 아시아도자문화실은 꼭 둘러봐야 할 공간이에요. 이곳에서는 동아시아 사람들이 고대부터 현대까지 도자기를 통해 어떻게 문화와 예술을 만들어 냈는지 알 수 있어요.

바다 밑 보물선에서 유물을
발견했다고요?

박물관에 한가득 있는 이 유물들은 모두 신안 앞바다에서 건져 올린 거예요. 신안 앞바다 갯벌에 침몰한 배에서 도자기 2만여 점, 금속 1,000여 점, 동전 800만 개 등 엄청난 유물들이 나왔어요. 고려 시대인 1323년경 폭풍을 만나 침몰한 배가 보물선처럼 발견되었어요. 이 배는 지역 이름을 따서 '신안선'이라고 불러요.

14세기 한국, 중국, 일본 등 동아시아 사람들은 도자기 길이라고 불리는 바닷길을 이용해 무역을 했어요. 이를 잘 보여 주는 것이 신안선이에요. 신안선은 길이 34미터, 폭 11미터, 높이 8미터의 목선(나무로 만든 배)으로 1323년 여름 중국 경원(닝보)항에서 출발해서 일본 후쿠오카로 가고 있었어요. 하지만 안타깝게도 이 배는 고려 인근 바다에서 폭풍우를 만나 침몰하였어요. 650여 년이 지난 1975년 8월 어느 날 전남 신안 섬에 사는 어부가 물고기를 잡으려고 던진 그물에 도자기 6점이 걸렸어요. 이를 이상하게 여겨 신고한 덕분에 9년 동안 11차례 수중 출수를 통해 엄청난 양의 유물을 건져 올렸습니다. 유물들은 훼손이 거의 없고 상태가 좋았어요. 깊은 바다 아래 갯벌 속에 배가 묻혀 있으면서 자연스럽게 보존이 되었기 때문이에요.

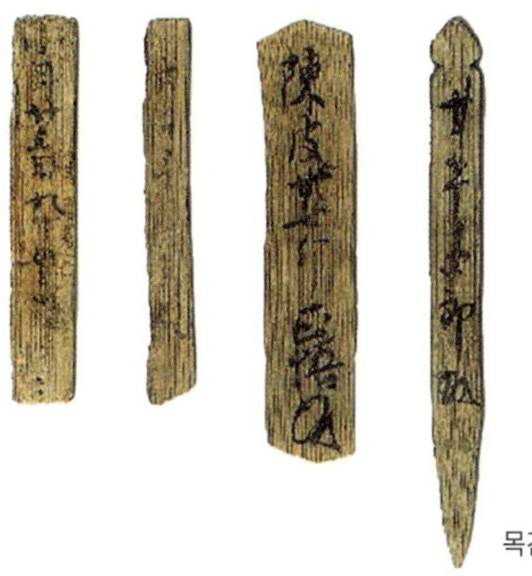

목간.

이 신안선의 출발지와 목적지를 알 수 있었던 것은 유물들 속에서 발견된 목간 덕분이에요. 글을 적는 나무 조각인 목간에는 오늘날 택배 운송장처럼 물품 이름, 수량, 받는 사람, 보내는 사람의 정보가 담겨 있었거든요. 이를 통해 동아시아에서 해상 무역이 활발했다는 것과 또 신안선 유물들의 정보를 알 수 있었답니다.

　신안선에서 가장 무거운 물건은 바로 동전이에요. 개수로 800만 개로 무게는 총 28톤이나 돼요. 이렇게 동전이 많은 것은 활발한 무역 거래의 증거도 되지만, 실질적으로는 배의 무게 중심을 잡아 주는 역할을 했어요. 동전을 배 아래에 실어 안정적인 항해를 할 수 있게 한 것이죠. 이 밖에도 신안선에서는 향로, 금속 공예품, 칠기 등이 나왔어요. 심지어 배 안에서 선원들이 놀이를 위해 사용했던 장기 말도 있었습니다.

중국 원나라 도자기.

　신안선에서 가장 중요한 무역 상품은 도자기였습니다. 당시 중국 도자기는 동아시아뿐 아니라 동남아시아, 중동, 아프리카에까지 수출되고 있었거든요. 또 고려청자도 함께 발견되었어요. 박물관에서 '신안 도자기를 찾아서' 체험에 참여하면서 시간 여행을 떠나 보세요.

청동 거울, 청동 방울은 어디에 사용되었을까요?

전라남도 화순 대곡리에서 발견된 청동기예요. 이 중에서 오른쪽에 있는 유물은 청동 방울과 청동 거울이에요. 아주 오랜 옛날에 거울과 방울을 어떻게 사용했을까요? 청동 거울과 청동 방울을 통해 당시 사회와 사람들의 생활을 한번 알아볼까요.

1971년, 화순 대곡리에서 배수로 작업 도중 범상치 않은 쇠붙이들이 발견되었어요. 당시 집주인은 이 쇠붙이들을 고물이라 생각하고 엿장수에게 넘겼어요. 그런데 엿장수는 이 쇠붙이들이 무엇인가 특별한 것 같아서 전남도청에 신고했어요. 덕분

화순 대곡리 청동검.

에 당시 발견된 쇠붙이들은 청동기 시대 만들어진 유물이라는 것이 밝혀지고 국보로 지정되었습니다. 이후 37년이 지난 2008년 국립 광주박물관에서 이 지역을 좀 더 정밀하게 조사하여 청동검 2점을 추가로 발견했어요.

청동 거울은 푸르스름하게 녹이 슬어 있어요. 처음 만들어질 당시에는 황금색으로 번쩍번쩍 빛이 났을 거예요. 앞면은 반들반들하게 광을 내서 거울로 쓰고, 뒷면에는 갖가지 무늬를 새겼어요. 청동 거울의 앞면을 보면 얼굴을 비춰 볼 수 있을 정도로 표면이 매끄러워요. 이 거울은 오늘날처럼 얼굴을 들여다볼 수도 있지만 하늘의 빛을 전하는 상징적 기능이 있었어요. 빛을 전하기 위해 당시 지배자들은 이 거울을 목에 걸고 큰 행사에 참여했을 것으로 생각하고 있어요. 제사 같은 큰 행사에서 이 거울을 통해 태양의 빛을 전하면 지배자는 훨씬 더 위대하게 보였을 거예요. 청동 방울도 마찬가지예요. 청동 방울을 흔들어 그 소리를 통해 신을 부르며 백성들

대곡리에서 출토된 청동 방울.

앞에서 권위를 내세울 수 있었기 때문이에요.

청동 거울이 신기한 것은 뒷면에 새겨진 무늬예요. 원이나 삼각형, 번개무늬 같은 독특한 줄무늬가 새겨져 있어요. 특히 무늬가 촘촘하고 정교한 것을 잔무늬 거울이라고 합니다. 청동 방울에 새겨진 무늬도 신기한 것이 많아요. 전라남도 화순 대곡리에서 발굴된 청동 방울의 무늬를 자세히 관찰해 볼까요. 그리고 여러분이라면 어떤 무늬를 넣고 싶은지 한번 상상해 그려 보세요.

국립대구박물관
과거와 현대가 만나는 곳

국립대구박물관 건축

황토색 벽돌로 지은 박물관 건물이 따뜻하고 친근해요. 건물은 높지 않아 박물관이 자리 잡은 산과 잘 어울려요. 박물관 안으로 들어가면 넓은 로비가 나와요. 천장에서 은은하게 빛이 내려와 실내를 기분 좋게 밝혀요. 로비는 중앙 광장과 같아 이곳에서 전시실과 여러 시설로 이어져요.

박물관 소개

국립대구박물관은 경상북도의 역사와 문화유산을 연구하고 전시해요. 각 시대별 문화유산이 골고루 전시되어 역사의 흐름을 살펴보기 좋아요. 대구가 섬유산업의 중심지였다는 점에 착안해 만든 복식문화실은 옛 복식(옷과 장식품)의 아름다

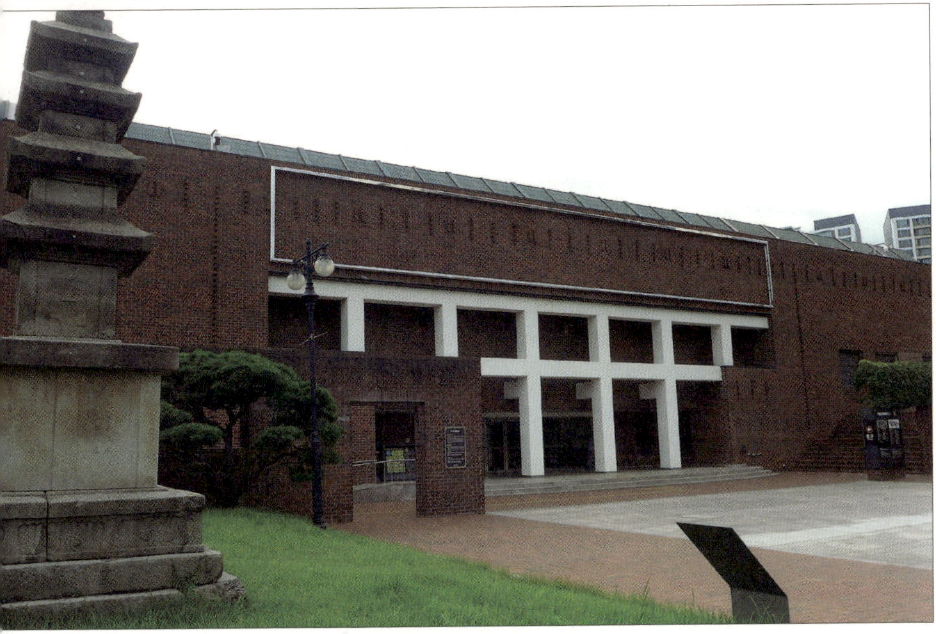

움과 과거의 복식이 어떻게 현재로 이어지는지 잘 보여 주고
있어요.

 대표 문화유산

가야를 이끌어 갔던 대가야의 무덤에서 나온 금동관, 아름답고 우아한 금동여래입상과 금동보살입상, 사찰에서 의식을 알리는 깃대의 꼭대기에 달리는 용머리 모양의 용두보당, 조선 시대 최초로 국가에서 지원을 받은 서원인 소수서원 현판, 무덤까지 안고 간 현풍 곽씨의 편지, 케이(K) 컬처 붐을 일으킨 다양한 갓을 만날 수 있어요.

 내가 누구냐면

입은 쫙 벌려 여의주를 물고 눈썹은 바람에 휘날리는 듯해. 이렇게 멋진 나는 동물 가운데 으뜸인 용이야. 바깥에서는 잘 보이지 않지만 내 턱 아래에는 줄을 돌릴 수 있는 도르래가 달렸어. 사찰에는 국기 게양대와 같은 역할을 하는 당간이란 것이 있는데, 나는 당간의 가장 윗부분에 달렸지. 박물관 입구에서 나의 온전한 모습을 만날 수 있으니까 눈여겨보길 바라.

용두보당.

금동불상.

 **여기는 꼭 둘러봐**

옛날 경상북도 선산이라는 곳에서 공사를 하던 중 불상 세 분이 발견되었어요. 세 분 모두 망가진 부분이 적은 데다 크고 아름다워 단박에 사람들의 눈을 사로잡았고 모두 국보로 지정되었답니다. 중세문화실에는 세 분을 함께 전시하는 공간을 만들어 세 분을 같이 볼 수 있도록 했어요. 세 분의 인상과 옷차림이 달라 서로 견줘서 보면 더 재미있어요.

조선 시대 무덤에서 한글 편지가 발견되었다고요?

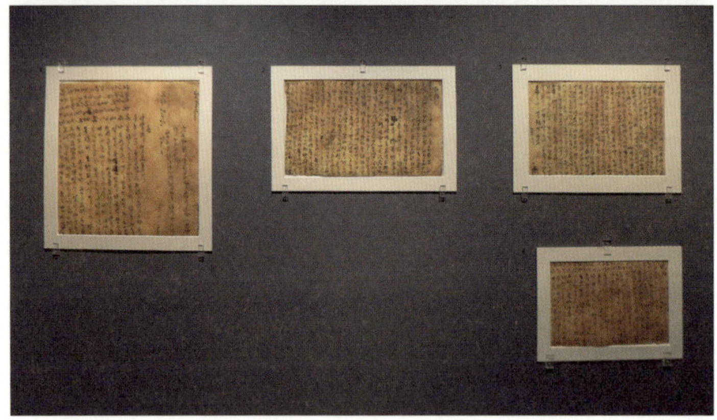

곽주의 한글 편지.

1989년 대구시 달성군에서 무덤을 이장하던 중이었어요. 무덤의 주인공은 1652년 이후에 세상을 떠난 진주 하씨라는 여성이에요. 무덤 안에서 미라가 된 진주 하씨, 옷가지, 편지가 발견되었어요. 편지는 모두 172매로 이 가운데 한문 편지가 5매고 나머지 167매는 한글 편지였어요. 진주 하씨는 평생 동안 받은 편지를 소중하게 간직했다 자신의 무덤에 같이 묻은 거예요. 이 편지들은 오래전 조선 사람이 어떻게 살았는지 들려주고 있어요.

무덤에서 발견된 한글 편지는 임진왜란이 끝난 지 얼마 지나지 않은 1602년부터 1650년대까지 쓴 거예요. 가장 편지를 많이 쓴 사람은 진주 하씨(1580~1652년 이후)의 남편인 곽주(1569~1617)로 무려 96매를 부인에게 보냈어요. 또 결혼한 딸들이 엄마인 진주 하씨에게 42매를 보냈어요. 아들들도 엄마에게 편지를 쓰긴 했는데 6매였어요. 하씨는 남편에게 편지 4매를 보냈어요. 이 편지는 1600년대 전반 어느 가족의 이야기라고 할 수 있어요.

그런데 남편이 아내에게 편지를 보낸 까닭은 뭘까요? 그들은 같이 살지 않았거든요. 진주 하씨는 곽주의 두 번째 부인이었는데, 곽주의 첫째 부인이 낳은 아들과 사이가 좋지 않았던 것 같아요. 그래서 진주 하씨는 아이들을 데리고 가까운 거리에 있는 다른 마을에 따로 살았어요. 곽주는 소식이 궁금하거나 꼭 필요한 집안일이 있을 때 진주 하씨에게 편지를 보낸 거예요.

곽주가 진주 하씨를 어떻게 생각했는지 편지를 읽어 볼까요. 천을 아끼지 말고 빨리 이불을 만들라는 내용이에요. 편지 끝에 쓴 글이에요.

"몸에 병이 깊이 든 뒤에 이불을 만든다면 무슨 소용이오. 내 몸보다 소중한 것이 있는가! 다른 말 말고 빨리 만들어 덮도록 하소. 자네가 병들면 자식들도 소용없으니 시키는 대로 하소."

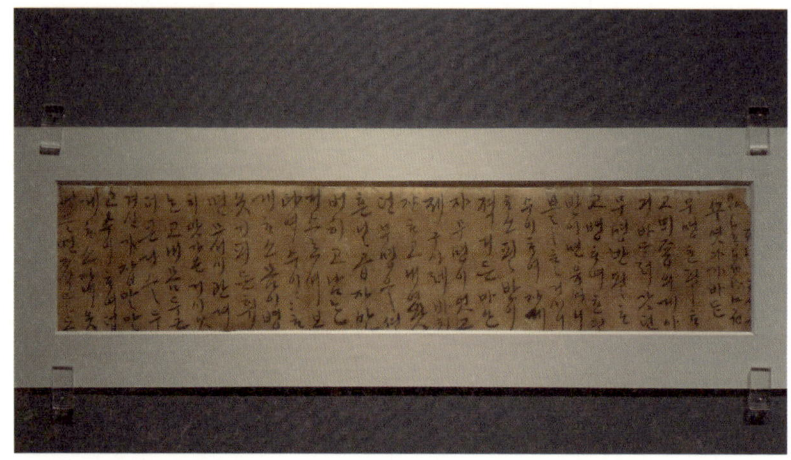

무명을 아끼지 말고 이불을 만드소.

곽주는 아내의 건강을 염려하고 있어요. 이때는 임진왜란
이 끝난 지 얼마 지나지 않아 생활이 어려웠을 때예요.

다음 편지는 마구잡이로 쓴 것 같아 어디서부터 읽어야 할
지 난감해요. 옛날에는 종이가 귀해서 편지를 쓸 때 쓸 이야기
가 많아지면 여백이 있는 곳에 마저 썼거든요. 이 편지는 왼쪽,
그 위쪽, 오른쪽 순서로 읽어요. 다음 내용은 곽주가 장모에게
보낸 편지 내용 중 일부분입니다.

"자식들이 여러 명 갔으니 얼마나 요란히 여기실까 염려하옵니
다. 빨리 데려오고자 하였으나 그래도 의심이 남아 있어 이 달이
나 지나거든 데려오려 하옵니다. 아우의 자식도 둘이 거기에 가
있을 때 한글을 가르쳐 보내시옵소서. 수고로우시겠으나 한글
을 가르치옵소서. 이 말씀 드리기를 송구스러워하다가 아뢰옵
니다."

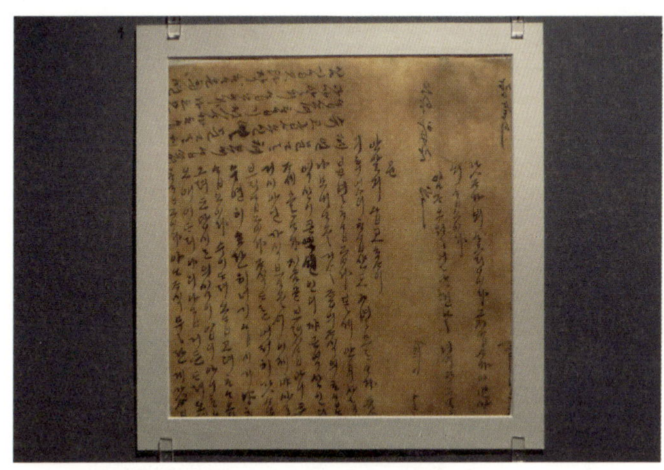

아이들에게 한글을 가르쳐 주십시오.

곽주는 자신이 사는 지역에 전염병이 돌아 아이들을 외갓집으로 보냈어요. 이 편지와 다른 편지를 통해 할머니나 엄마 등 여성들이 아이들에게 한글을 가르쳤다는 걸 알 수 있어요. 다른 편지를 보면 곽주는 아이들이 얼른 한글을 배워 자기에게 편지할 날을 기다렸어요.

곽주는 조선의 선비였어요. 그는 아내를 아꼈고 궁금한 점이 있으면 편지를 쓰고 집안의 시시콜콜한 일까지 관여하고 자식의 교육에 관심이 많았어요. 한 가족의 편지지만 이제는 조선 사람의 삶을 알려 주는 소중한 역사가 되었어요. 편지를 무덤에 넣을 때 이렇게 쓰일 거라곤 아무도 몰랐을 거예요.

조선 시대에는 갓 모양으로 신분을 알 수 있었다고요?

조선 후기의 갓(위).　다양한 갓 전시(아래).

벽에 전시된 이것은 무엇일까요? 동그라미가 강조된 미술작품 같지만 이건 위에서 본 갓의 모습이에요. 갓 하면 자연스럽게 조선의 양반이 떠오를 정도로 갓은 그들의 삶과 관련이 깊어요. 검은색 갓이 널리 알려졌지만 조선 양반들은 검은색 갓뿐만 아니라 다양한 상황에 맞춰 여러 가지 갓을 썼어요.

갓은 머리를 덮는 부분과 챙이 함께 있는 모자를 말해요. 검은색의 갓은 주로 성인이 된 남자 양반들이 썼어요. 조선 시대를 배경으로 한 사극에서 자주 볼 수 있어요. 검은색 갓은 자기가 양반이라는 걸 드러내는 대표적인 수단이었어요. 김홍도가 그린 풍속도 모음집인 《단원풍속도첩》 중 〈서당〉에서 오른쪽 가장 위쪽에 앉은 사람이 쓴 모자는 초립이에요. 초립은 결혼은 하지 않았지만 성인이 되었다는 걸 인정받은 남성이 쓰는 갓이에요. 그림 속 훈장님이 쓴 것은 양반이 쓰는 간편한 모자인 사방관이에요.

《단원풍속도첩》 중 〈서당〉.

김홍도가 그렸다고 전하는 〈평안감사향연도〉.

그런데 〈서당〉의 배경은 실외가 아니라 실내예요. 조선 양반들은 자기 집이 아니면 실내에서도 갓을 벗지 않았어요. 조선 시대에는 갓을 쓰는 예절도 발달했어요. 자기 집에서는 갓 대신 간단한 모자를 썼고요. 외출할 때는 반드시 갓을 썼고 뛰어서도 안 됐어요. 실제로 뛰면 갓이 뒤로 벗겨져요. 어떤 책은 '갓을 푹 눌러쓰거나 뒤로 젖혀서도 안 된다' 등 갓 쓰는 방법까지 기록했어요. 그만큼 조선 양반들은 갓에 마음을 다했어요.

김홍도가 그렸다고 전하는 〈평안감사향연도〉는 평안 감사가 부임한 걸 기념하는 잔치 현장을 그린 것이에요. 잔치를 구경하러 나온 사람 중에 갓을 쓰지 않은 사람을 찾기가 힘들어요. 조선 시대에는 양반이 아니더라도 어린이들을 제외하면 성인 남성들은 예외 없이 모자를 썼어요. 이 그림을 보면 조선에 온 외국인들이 왜 조선을 '모자의 나라'라고 불렀는지 이해할 수 있어요.

조선 양반들의 필수품이었던 갓은 왜 사라졌을까요? 1894년 조선에서는 공식적으로 신분 제도를 폐지했어요. 겉으로는 양반과 일반 백성의 구별이 사라진 거예요. 다음 해인 1895년에는 머리카락을 짧게 자르라는 단발령이 시행되었어요. 조선 사람들은 단발령에 크게 반대했지만 점차 머리카락을 자르는 사람이 늘어 갔어요. 더불어 머리에 쓰던 갓도, 갓을 만들던 장인도 사라져 갔습니다. 시대가 바뀌면서 바뀌지 않을 것 같던 문화가 바뀐 거예요.

최근에 외국인들이 갓을 주목하기 시작했어요. 2025년에 방영된 영화 〈케이팝 데몬 헌터스〉를 본 외국인들이 갓의 매력에 흠뻑 빠진 거예요. 아마존 같은 외국 온라인 상거래 사이트에서 갓이 판매되고 한국에 온 외국인들이 갓을 쓰고 궁궐로 가요. 이제 갓은 조선의 양반을 상징하는 것에서 한국 문화를 상징하는 물건으로 바뀌었어요.

3 국립전주박물관

조선 왕실의 고향이 궁금하다면

국립전주박물관 건축

국립전주박물관 건물은 지붕, 기와, 기둥을 보면 한옥을 모델로 만들었다는 걸 알 수 있어요. 가운데 건물이 높고 양옆의 건물은 조금 낮아요. 이건 박물관이 자리 잡은 전주의 대표적 문화유산인 전주 객사에서 아이디어를 얻었어요. 객사는 조선 시대에 전주를 방문한 관리가 머물던 집이에요.

박물관 소개

전주는 예부터 양반 문화와 음식이 뛰어난 곳으로 널리 알려졌어요. 전라북도는 평야가 많고 바다와 접해 먹을거리가 풍부했어요. 국립전주박물관은 전주와 전라북도의 역사를 한눈에 볼 수 있도록 전시해요. 그리고 전주가 조선 왕실의 고향이라는 점에 주목해 왕실 문화를 다루었고 양반 문화를 보여 주

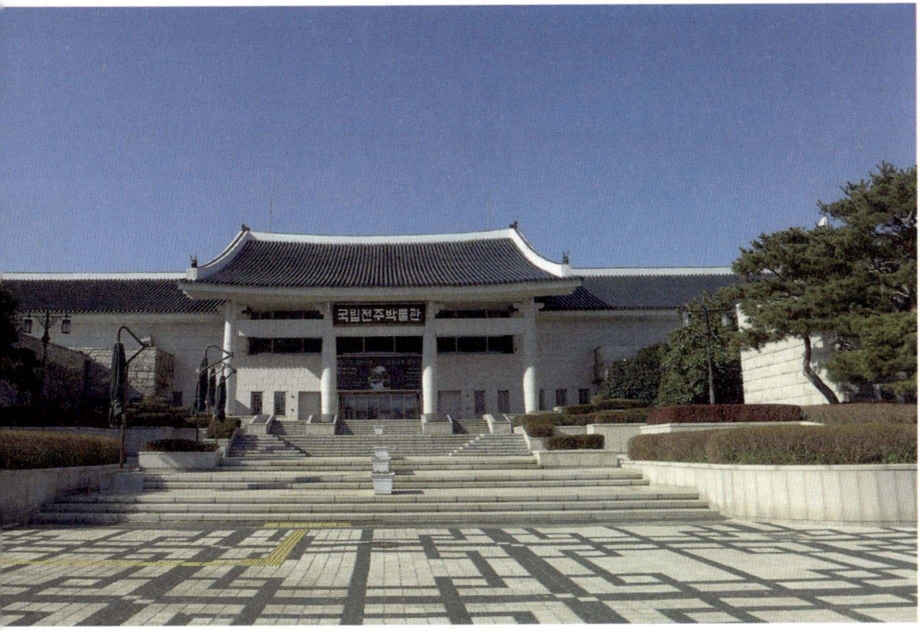

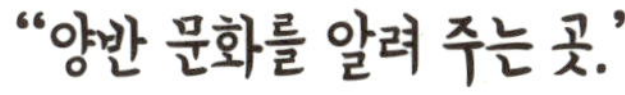

는 유물을 강조해 전시하고 있어요. 야외 정원은 넓고 잘 가꿔져 바람을 쐬며 걷기 좋아요.

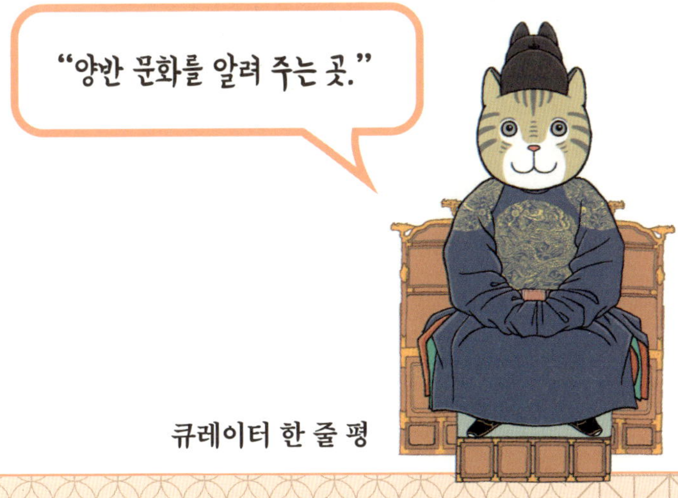

 대표 문화유산

청동기를 만든 틀인 청동검 거푸집, 후백제 도성에서 발견된 '전주성'이 새겨진 수막새, 일본으로 나갔다 돌아온 전 낙수정 동종, 조선을 건국한 태조 이성계의 초상화인 태조 어진(복제품), 임진왜란 때『조선왕조실록』을 안전하게 옮기고 지킨 사람들의 이야기가 담겨 있는『호남절의록』을 만날 수 있어요.

 내가 누구냐면

나를 보고 추운 겨울날 호호 불어 먹는 국화빵이 떠오른 친구가 있을 거야. 나는 기와지붕 끝에 달린 수막새라는 기와야. 자세히 보면 '전주성(全州城)'이라는 한자를 찾을 수 있어. 후삼국 시대 견훤은 후백제를 세우고 전주를 수도로 삼았어. 내가 발견된 성에 궁궐이 있었을 가능성이 커. 전시실에서 나를 만나거든 우리 역사에 후백제가 있었다는 걸 기억해 줘.

'전주성(全州城)'이라는 글씨가 새겨진 수막새.

청동기 거푸집.

 **여기는 꼭 둘러봐**

국립전주박물관에는 청동기 및 청동기 관련 유물이 풍부하게 전시되었어요. 그중에서도 청동 쇳물을 부어 청동검과 청동꺾창을 만들던 도구인 거푸집을 눈여겨보면 좋겠어요. 청동기 거푸집 자체가 워낙 드문 데다 발굴된 장소까지 확실해 나라의 보물로 지정되었어요.

조선을 세운 태조 이성계의 초상화가 남아 있다고요?

태조 이성계 어진(원본).

태조 이성계 어진(복제품).

한 사람이 파란색 옷을 입고 두 손을 모은 채 의자에 앉았어요. 옷과 의자에 그려진 용, 머리에 쓴 관을 보면 보통 사람이 아니란 걸 짐작할 수 있어요. 인자한 듯하면서도 단호한 표정을 짓는 이 사람은 조선을 건국한 태조 이성계예요. 왕의 초상화는 특별히 어진이라고 불러요. 이성계의 어진을 보면 정말 세밀해요. 이 어진은 진짜 같지만 진짜를 정밀하게 복제한 거예요. 어진을 복제해 박물관에 전시한 건 전주가 이성계 선조의 고향이고 딱 한 점만 전하는 이성계의 어진 원본이 전주에 있기 때문이에요.

조선 시대 어진은 왕을 상징해요. 때문에 어진은 왕이 세상을 떠나더라도 살아 있는 왕처럼 소중하게 다뤘어요. 그중에서도 이성계는 조선을 세운 왕이어서 그의 어진은 조선 자체를 상징했어요. 이성계를 기리기 위해 궁궐과 고향 등 이성계와 관련이 깊은 여러 곳에 어진을 봉안했어요. 전주도 그 가운데 한 곳으로 경기전이란 건물에 어진을 모셨어요. 지금 경기전 주위는 전주 한옥마을로 유명해요.

경기전.

채용신의 〈평생도〉 병풍 중 어진을 그리는 장면.

조선 역사를 통틀어 이성계의 어진은 26점이나 그려졌어요. 다른 왕에 비해 압도적으로 많아요. 그건 이성계의 어진을 봉안한 곳이 여러 곳인 데다 때가 되면 새로 그렸기 때문이에요. 어진은 관리를 잘해도 시간이 지나면 때가 타고 손상되는 부분이 생겨요. 그러면 김홍도처럼 당대 최고의 화가들이 동원되어 옛 어진을 본떠 새로 그려요. 지금 남아 있는 이성계 어진은 1872년에 제작되었어요.

그런데 26점이나 그렸다는 이성계의 어진 가운데 왜 딱 한 점만 남았을까요? 어진이 낡거나 손상되면 새로 어진을 그린 후 없앴거든요. 또 전쟁이나 화재로 사라지기도 했는데, 경기전에 있던 어진도 하마터면 이럴 뻔했어요. 임진왜란이 일어나자 경기전에 있던 이성계의 어진을 일본군의 손이 미치지 않는 깊숙한 곳으로 옮겼고 임진왜란이 끝나고 여러 해가 지난 후에 다시 전주로 돌아왔어요. 조선 왕의 어진 가운에 남아 있는 건 몇 손가락에 꼽을 정도로 적어요.

이성계는 고려 변두리 지역의 무인이었어요. 무명에 가까웠던 이성계는 고려를 괴롭히던 왜구를 크게 무찔러 실력을 인정받고 이름도 널리 알렸어요. 이성계의 힘이 세지자 이성계 주위로 사람들이 모이기 시작했어요. 그들은 심각한 문제에 휩싸인 고려에서 희망을 찾기는 어렵고 새로운 나라를 세워야 한다고 믿었어요. 결국 이성계와 그들은 조선을 세우고 한양을 새로운 수도로 정하고 그곳에 궁궐을 짓고 도성을 쌓아 새로운 역사를 열었어요.

국립전주박물관에 간다면 이성계의 어진을 본 후 원본 어진이 있던 경기전과 어진을 보관하고 있는 어진박물관도 잊지 말고 방문해 보세요.

『조선왕조실록』이 사라질 뻔했다고요?

『호남절의록』.

한문으로 된 오래된 책이 보여요. 200여 전에 나온 『호남절의록』이라는 책이에요. 이 책은 호남 즉 지금의 전라도 지역에서 임진왜란 이후 활약했던 의병들의 활약상을 기록했어요. 임진왜란이 일어나자 목숨을 걸고 전주에 있던 『조선왕조실록』을 안전한 곳으로 옮기고 지킨 사람들의 이야기도 담겨 있어요. 전쟁으로 자신의 목숨도 지키기 어려웠던 때, 이들의 헌신으로 『조선왕조실록』은 없어지지 않고 용케 살아남았어요.

조선 시대에는 기록을 남기는 걸 무척 중요하게 여겼어요. 기록을 남겨 후세에게 옛날에 어떤 일이 일어났는지 자세하게 알려 주려고 한 거예요. 대표적인 기록이 『조선왕조실록』이에요. 왕이 한 말과 행동을 꼼꼼하게 기록해 왕이 세상을 떠난 뒤 그 왕의 일대기를 펴낸 거예요. 왕은 신하가 쓴 내용을 보고 싶어도 볼 수 없었고 후대 왕도 이전 왕에 대한 기록을 볼 수 없었어요. 신하들이 왕의 눈치를 보지 않고 공정하게 기록을 남길 수 있도록 배려한 거지요. 『조선왕조실록』 덕분에 우리는 조선 시대 왕이 무슨 말을 하고 어떻게 행동했는지 자세하게 알 수 있어요.

지금도 중요한 파일은 사라지는 걸 막기 위해 여러 개를 복사해서 나눠 보관해요. 『조선왕조실록』도 도둑맞거나 손상되는 걸 막기 위해 네 곳에 나눠 보관했어요. 전주도 『조선왕조실록』을 보관하던 곳 가운데 하나였어요.

『조선왕조실록』을 보관하던 전주 실록각.

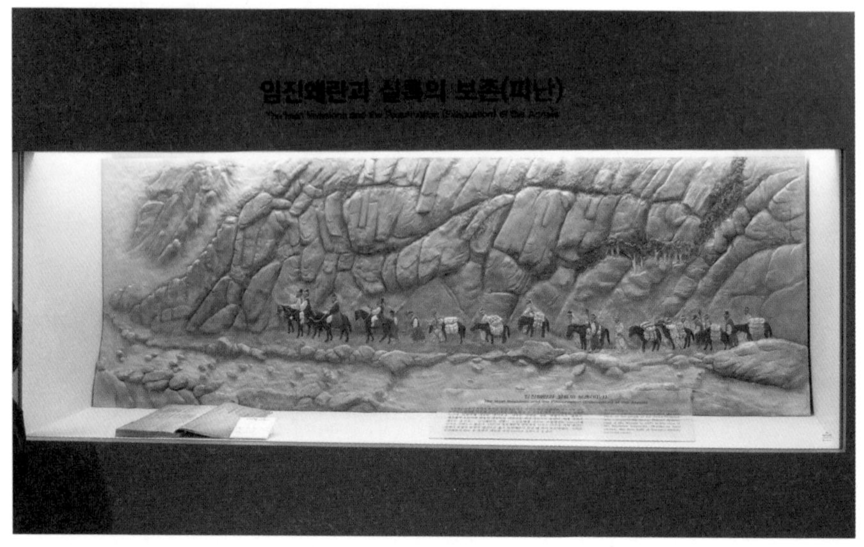

임진왜란 당시 『조선왕조실록』을 옮기는 장면. 실록각 내부 전시물.

    1592년 일본이 조선을 공격하면서 임진왜란이 일어났어요. 전주에서 보관하던 『조선왕조실록』을 일본군의 손길이 미치지 않는 안전한 곳으로 옮겨야 했어요. 이때 전주 근처에 살던 선비 안의와 손홍록이 목숨을 걸고 자신의 돈을 들여 정읍의 내장산으로 옮겼어요. 이때 경기전에 있던 태조 이성계 어진도 함께 옮겼어요. 안의는 64세, 손홍록은 56세로 당시로는 엄청 많은 나이였어요. 이들은 깊은 산속에서 370여 일 동안 『조선왕조실록』을 지켰고 이때의 일을 일기로 썼어요. 다른 곳에 보관했던 『조선왕조실록』은 모두 사라졌다는 걸 생각하면 두 사람의 노력이 더욱 값지게 느껴집니다.

    이곳에 있던 『조선왕조실록』은 이후 이리저리 옮겨졌고 나

중에는 강화도로 갔어요. 그리고 이 실록을 바탕으로 사라진
『조선왕조실록』을 다시 출판해 여러 곳에 보관했어요. 이 가
운데 일부는 사라졌지만 대부분 지금까지 무사히 전해져 조
선의 역사를 알려 주고 있어요.

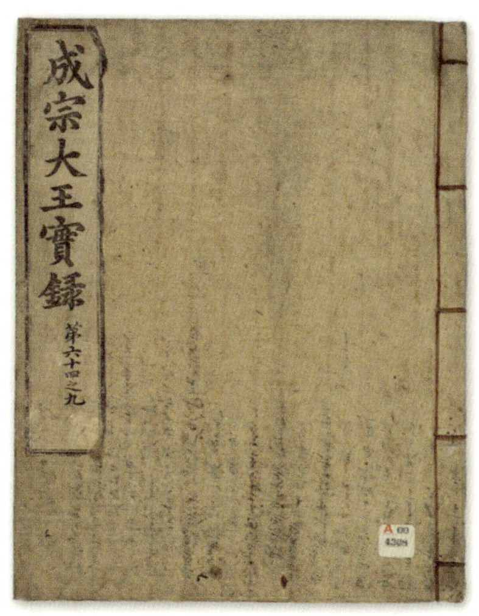

『성종대왕실록』.

만약 안의와 손홍록의 노력이 없었다면 지금 우리는 세종
대왕이 무슨 일을 했는지, 임진왜란 이전에 어떤 역사가 있었
는지 자세히 알 수 없었을 거예요.

4 국립제주박물관

바람과 돌과 사람 이야기를 품다

🏛 국립제주박물관 건축

국립제주박물관 건축은 제주의 자연과 문화가 잘 반영되었어요. 박물관의 지붕은 부드러운 초가지붕을 닮았고 정원에 놓인 굽은 길은 제주의 지형적 특성인 곡선과 비슷해요. 박물관의 벽은 바람을 막기 위한 제주의 돌담에서 아이디어를 얻었어요. 박물관은 제주도의 중심인 한라산과 아름다운 조화를 이루고 있어요.

💬 박물관 소개

국립제주박물관은 제주도의 아름다운 자연과 역사를 함께 느낄 수 있는 특별한 곳이에요. 이곳에서는 선사 시대부터 현대까지 이어지는 제주만의 독특한 문화와 해양 이야기를 만날 수 있어요. 해양 교류를 통해 성장한 탐라국, 고려·조선 시대 제주도의 모습과 그 속에서 형성된 섬 특유의 문화를 통해 제

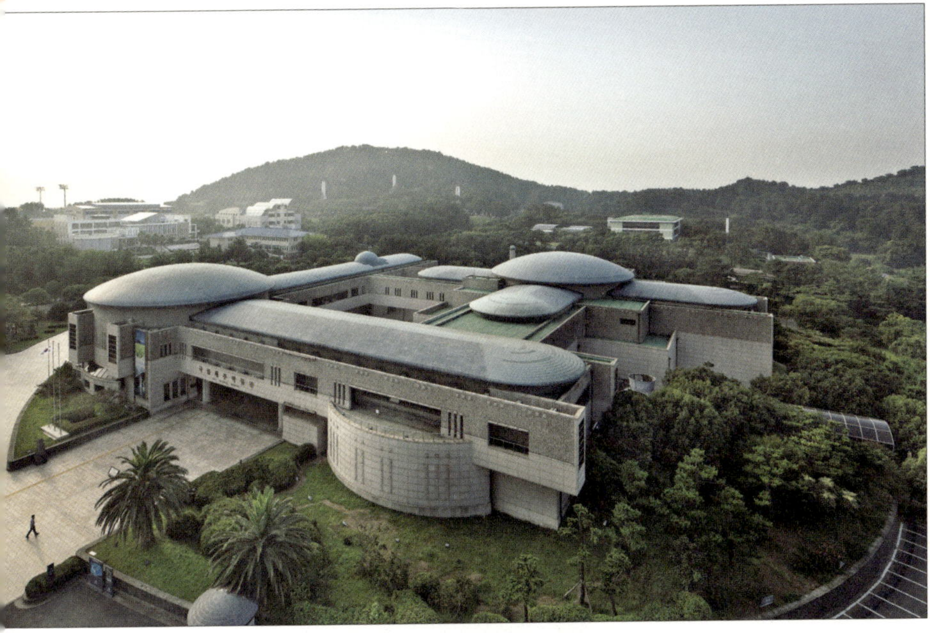

주에서 살아온 사람들의 이야기를 생생하게 알아볼 수 있답니다.

"제주의 자연과 문화가 어우러진 공간에서 만나는 섬 이야기."

큐레이터 한 줄 평

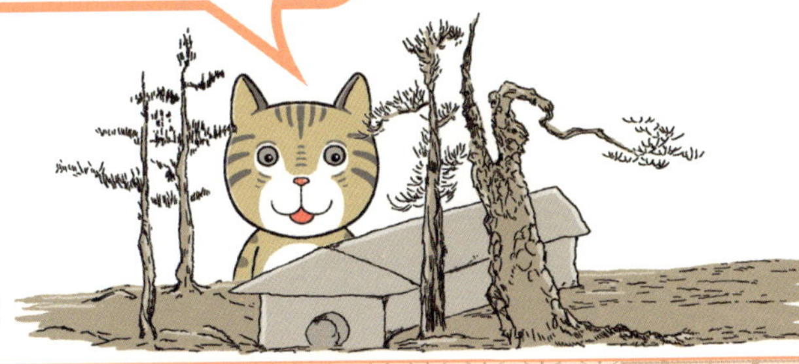

 **대표 문화유산**

국내에서 가장 오래된 신석기 시대 유적인 제주시 고산리에서 출토된 한반도 최초의 토기와 항파두리성 내부 발굴 조사에서 확인된 고려 시대 철갑옷, 조선 시대 제주의 모습을 살펴볼 수 있는 《탐라순력도》와 최근 기증받은 장한철의 『표해록』, 해녀 도구 등 제주를 대표하는 문화유산을 두루 살펴볼 수 있답니다.

 **내가 누구냐면**

내 이름은 제주도야. 섬 한가운데 우뚝 솟은 한라산과 함께 수백 개의 오름이 있고, 곶자왈의 푸름으로 덮여 있어 신비롭고 아름다워. 맑고 푸른 바다가 나를 둘러싸고 있으며, 바람이 전하는 파도

섬, 제주 전시실.

소리가 매력적이야. 덕분에 나를 찾는 사람들이 많아. 친구들도 나를 만나러 한번 와 보면 좋겠어.

 **여기는 꼭 둘러봐**

'제주 섬 사람들' 전시실을 찾아보세요. 이곳에서는 제주도에

제주 섬 사람들 전시실.

서 살아온 사람들의 삶과 문화와 마주할 수 있습니다. 특히 유네스코 인류무형문화유산으로 지정된 제주 해녀와 관련된 내용을 살펴보세요. 해녀들의 삶을 통해 제주도의 자연 환경과 독특한 문화를 다채롭게 생각해 볼 수 있어요. 또 박물관 입구에 들어서면 중앙홀 천장을 올려다보세요. 천장 스테인드글라스에는 탐라 개국 신화인 삼성 신화가 그려져 있어요. 제주도에는 흔히 세 가지가 많다고 하는데, 그 주인공인 돌, 바람, 여성도 멋지게 표현되어 있지요. 천장 중앙에는 바다 밑에서 올려다본 제주 섬 탄생의 순간이 펼쳐진답니다.

왜 제주도를 거꾸로 그렸을까요?

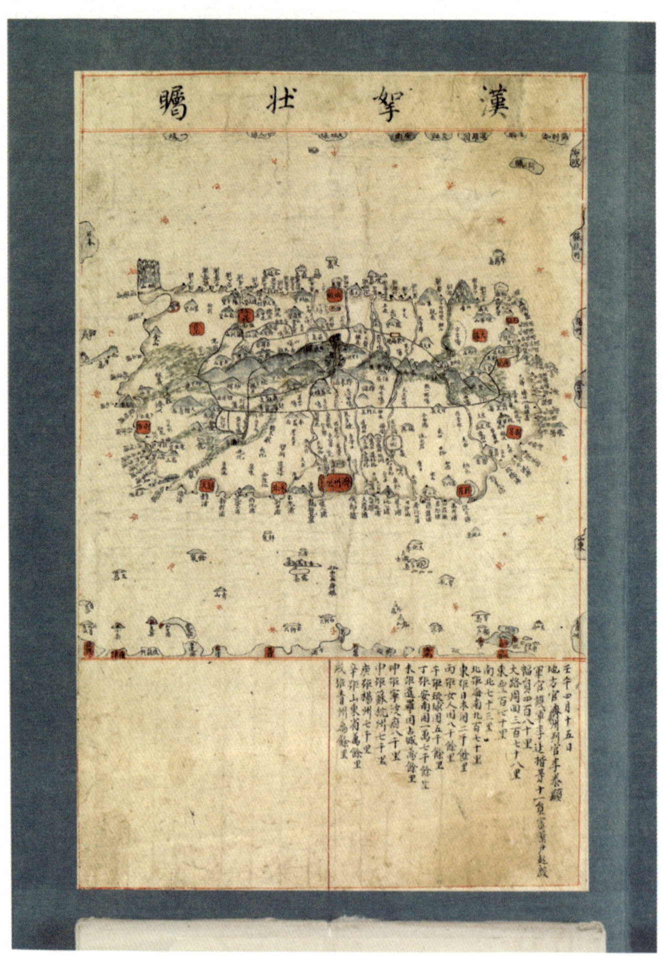

《탐라순력도》 중 첫 장인 〈한라장촉〉.

조선 시대 제주도를 그린 지도예요. 왕이 제주도를 순찰하는 모습을 상상하며 군사적으로 중요한 지역들과 제주의 주요 고을들을 지도로 나타냈어요. 제주 목사로 부임한 이형상이 화공 김남길에게 그리게 한 41폭의 《탐라순력도》 중 첫 장인 〈한라장촉〉이에요. 하지만 이 지도는 제주도가 뒤집혀 그려졌어요. 왕의 시선 즉, 궁궐이 있는 한양에서 왕이 제주도를 내려다보는 시점으로 그려졌기 때문이에요.

《탐라순력도》의 '탐라'는 제주도의 옛 이름이에요. '순력'은 관리가 각 고을의 방어 실태와 백성들의 생활 등을 시찰하는 행위를 말해요. 조선 숙종 임금 시절인 1702년 제주 목사 이형상은 한 달 동안 제주도 내 고을을 순찰하는 내용과 행사 장면 그리고 아름다운 제주도의 명승지 등을 화공 김남길을 시켜 그리도록 했어요. 그렇게 해서 완성된 화첩인 《탐라순력도》의 크기는 가로 36.4센티미터, 세로 56.9센티미터이고, 그림 41면과 서문 2면 등 총 43면으로 구성되었어요.

《탐라순력도》 중 〈감귤봉진〉의 일부분을 확대한 그림.

조선 시대 귤은 매우 귀한 과일로, 제주도에서 생산된 귤은 왕에게 진상하였어요. 그래서 《탐라순력도》에는 귤과 관련된 장면이 두 장 있습니다. 한

《탐라순력도》 중 〈귤림풍악〉.

그림에는 제주도의 특산물인 귤을 조정에 공납하기 위해 준비하는 과정이 생생하게 그려져 있어요. 공납은 각 지방의 특산물을 중앙 정부에 바치는 세금 제도였어요. 다른 한 그림은 제주 목사가 귤나무 숲에서 풍악을 즐기는 모습을 표현했어요.

하지만 귤을 키우는 제주도 백성은 힘겹게 살았어요. 감귤이 많이 열린 해를 기준으로 해마다 똑같은 양의 감귤을 공납해야 했기 때문이에요. 농사를 짓다 보면 날씨에 따라 수확량이 달라지는데 풍년일 때 기준으로 공납할 양을 정해 놓아 농사가 흉년일 때는 이를 맞추기가 어려웠어요. 감귤 농사를 짓는 백성들은 풍년이 되어도, 흉년이 들 때를 대비해 살아 있는 나무를 잘라 버리거나 뿌리에 끓는 물을 부었어요. 왕실에서는 진상품으로 손꼽는 감귤이 백성에게는 오히려 큰 부담이 되는 상황이었던 것이지요. 《탐라순력도》에는 이처럼 제주도의 역사와 문화를 살필 수 있는 내용들이 많아 오늘날 제주도를 이해하는 데 훌륭한 자료가 됩니다. 다른 장면들도 한번 펼쳐서 조선 시대 제주도는 어떠했는지 살펴볼까요?

조선 시대에도 작품 감상 댓글이 있었다고요?

김정희, ⟨세한도⟩, 국립중앙박물관.

조선 시대 유명한 학자이자 예술가인 김정희가 그린 ⟨세한도⟩는 우리나라뿐 아니라 청나라에서도 유명했어요. ⟨세한도⟩는 원래 그림 자체는 가로 70.4센티미터, 세로 23.9센티미터의 크기예요. 하지만 지금 전하는 ⟨세한도⟩는 전체 길이가 무려 15미터가량에 이르는 긴 두루마리 형태예요. ⟨세한도⟩를 보고 감동을 받은 중국(16명)과 우리나라(4명)의 문인 들이 자신의 소감을 작품 뒤에 이어 붙였기 때문이에요.

⟨세한도⟩는 겨울의 쓸쓸한 풍경을 담고 있어요. 그림 속에는 집을 중심으로 좌우에 소나무와 잣나무가 대칭을 이루며 서 있고 그 주위는 텅 비어 있어요. 거친 붓질로 겨울 분위기를

잘 표현했어요. 제주도에서 유배 생활 중이었던 김정희는 1844년 제자인 이상적에게 〈세한도〉를 선물로 그려 주면서 '날이 추워진 뒤에야 소나무와 잣나무가 뒤늦게 시든다는 것을 알게 된다.'는 공자의 글을 적어 주었어요. 유배를 당한 자신을 세상 사람들은 다 외면하는데 한결같이 스승을 위해 청나라에서 책을 가져오고 꾸준히 찾아오는 제자에게 감동받은 마음을 표현한 것이에요. 뛰어난 작품에다가 제자와 함께한 사연이 더해져 사람들에게 큰 울림을 주었습니다. 이런 〈세한도〉에 문인과 학자 들이 감상평을 남겼어요.

"절개는 숲속 나무 같아서 오랜 시간 지나야 완성되지만 소나무와 잣나무의 본성 속에는 그 절개가 들어 있다네. 군자는 힘들수록 단단해지니 받아주지 않는다고 무얼 탓하리. 〈세한도〉에 시 지어 올리니…" (청나라 문인 오찬)

"김정희의 바다 밖의 뛰어난 영재, 일찍부터 그 명성 자자했네. 명성은 훼손되어 갈 곳도 없고 세상의 그물 속에 걸려 버렸네. 도도하게 흘러가는 세속을 보니 선비의 맑은 정신 누가 알리오?" (청나라 문인 반증위)

여러분이라면 〈세한도〉를 보고서 어떤 소감을 쓰고 싶나요?

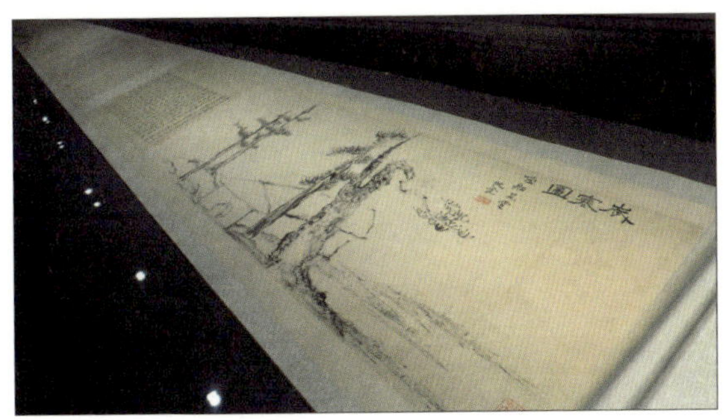

〈세한도〉 두루마리 전체 크기 33.5cm×1,469.5cm.

5 국립진주박물관

국립진주박물관 건축

국립진주박물관은 진주성 안에 있어요. 박물관을 진주성보다 높거나 크지 않게 지어 진주성에 어울리도록 했어요. 박물관 옆쪽에 성벽처럼 돌을 쌓아 진주성과 이어진 느낌이 들도록 했고요. 박물관의 지붕을 보면 한옥 여러 채가 잇닿은 것 같아요.

박물관 소개

국립진주박물관은 경상남도 서부 지역의 역사와 문화를 전시해요. 특히 진주성이 임진왜란 때 진주대첩을 거둔 곳이라 박물관에서는 임진왜란을 전문적으로 연구하고 전시해요. 임진왜란이 왜 일어났고 어떻게 진행되었으며 전쟁의 영향은 무엇인지 자세하게 알려 줘요.

"임진왜란을
한눈에 볼 수 있는 곳."

큐레이터 한 줄 평

 **대표 문화유산**

핼러윈 데이 때 등장하는 호박보다 재미있는 사람 머리 모양 토기, 경상남도 서부 지역의 중심지인 진주를 그린 〈진주성도〉, 유성룡이 자신이 겪은 임진왜란을 기록한 『징비록』, 일본군을 화들짝 놀라게 한 무기인 비격진천뢰, 진주대첩을 승리로 이끈 김시민 장군에게 왕이 내린 상장인 선무공신 교서를 만날 수 있어요.

 **내가 누구냐면**

나는 콧대가 높은 사람이야. 눈과 입은 뻥 뚫렸지만 다 뜻이 있는 거라고. 가야 사람들은 나를 관상용이 아니라 실제로 쓸 수 있도록 만들었거든. 나를 가면으로 쓰려면 제사장 정도는 되어야 하지. 그런데 머리카락은 어디 갔냐고? 머리 위쪽에 구멍이 뚫렸는데, 그곳에 새의 깃털이나 장식을 꽂았어. 너는 내 머리를 무엇으로 장식하고 싶니?

사람 머리 모양 토기.

진주성.

 ## 여기는 꼭 둘러봐

국립진주박물관으로 가려면 진주성 안으로 들어가야 해요. 진주성은 한산도대첩, 행주대첩과 더불어 임진왜란 당시 크게 승리한 역사적인 현장이에요. 성 안에는 김시민 장군의 동상, 논개가 일본군 장수를 안고 강으로 뛰어든 바위인 의암 등 임진왜란을 기억할 수 있는 장소가 곳곳에 있어요.

임진왜란 때 '귀신 폭탄'이 있었다고요?

비격진천뢰.

조선 시대에도 코코넛이 있었을까요? 박물관에서 코코넛처럼 생긴 공을 전시했어요. 가까이 가서 보니까 잔뜩 녹이 슨 공이에요. 이 공은 '귀신 폭탄'이라는 별명이 붙은 폭탄이에요. 임진왜란 때 이 폭탄이 큰 활약을 했고 일본군이 점령한 성을 빼앗는 데 큰 도움을 주었어요. 이 폭탄의 이름은 '날아가서 폭발할 때 하늘을 진동하는 소리를 낸다'는 뜻을 지닌 비격진천뢰예요. 일본군들은 왜 이 폭탄을 두려워했을까요?

비격진천뢰는 겉을 무쇠로 만들었어요. 겉에서는 보이지 않지만 이 안에는 화약과 철 조각으로 가득 채워요. 가운데에 대나무통을 넣는데, 이 통 안에는 실을 감는 장치가 들었어요. 실에 불을 붙이면 실이 타들어 가다 마지막에 화약을 폭발시켜요. 실을 길게 감으면 터질 때까지 시간이 오래 걸려요. 비격진천뢰는 실의 길이로 터지는 시간을 조절하는 시한폭탄이에요. 터질 때는 겉이 두세 조각으로 쪼개지면서 안에 든 철 조각들이 사방으로 튀어요.

비격진천뢰 내부.

비격진천뢰를 쏘는 중완구와 대완구.

겉보기에도 비격진천뢰는 무게가 많이 나갈 것 같아요. 무게가 약 20킬로그램이기 때문에 손으로 던지기는 어렵고 완구라고 불리는 대포를 이용해 발사해요. 대완구라는 대포로 비격진천뢰를 쏠 경우 대략 480미터에서 720미터까지 날아간다고 해요. 국립진주박물관에 전시된 완구에는 실제로 비격진천뢰를 쐈다고 기록되었어요. 비격진천뢰는 임진왜란 이전에 화포를 만드는 기술자인 이장손이 개발했어요. 아쉽게도 이장손이 누구인지 자세한 기록은 전하지 않아요.

"밤에 몰래 군사를 다시 진격시켜 성 밖에서 비격진천뢰를 성 안으로 발사해 진 안에 떨어뜨렸다. 적이 그 제도(물건이 만들어진 원리)를 몰랐으므로 다투어 구경하면서 서로 밀고 당기며 만져 보는 중에 조금 있다가 포(砲)가 그 속에서 터지니 소리가 천지를 진동하고 쇳조각이 별처럼 부서져 나갔다. 맞아 넘어져 즉사한 자가 20여 명이었는데, 온 진중이 놀라고 두려워하면서 신비스럽게 여기다가 이튿날 드디어 성을 버리고 서생포(울산)로 도망하였다."

임진왜란이 일어났던 1592년 『수정선조실록』의 기록이에요. 임진왜란 당시 일본군이 점령한 경주성을 되찾을 때 비격진천뢰를 사용했어요. 경주성을 시작으로 진주대첩, 행주대첩 등 여러 전투에서 활용되었어요. 한 의병장은 "왜적을 토벌하는 방책으로 비격진천뢰를 능가하는 것은 없다."고 말했어요. 일본에게 조총이 있었다면 조선에는 비격진천뢰가 있었어요.

비격진천뢰가 뛰어난 무기지만 더 중요한 건 무기를 사용하지 않는 상황을 만드는 거예요. 예나 지금이나 나라에서 하는 가장 중요한 일은 사람들이 전쟁의 위협 없이 안심하고 생활할 수 있도록 하는 거예요. 무기를 보면서 평화를 생각해야 하는 까닭이에요.

시민의 힘으로 일본에서 찾아온 문화유산이 있다고요?

「김시민 선무공신 교서」.

진주성을 그린 병풍 아래 긴 문서가 쭉 펼쳐져 있어요. 문서 앞부분에는 '김시민'이라는 이름이 보이고 "그대는 외로운 성을 지키고 수많은 적을 막아 내어"라는 내용으로 이어져요. 이 문서는 임진왜란 때 진주성 전투를 승리로 이끈 김시민 장군의 공을 기려 임금이 칭찬하고 상을 내린 「김시민 선무공신 교서」예요. 그런데 시민들이 힘을 모으지 않았다면 이 문서는 지금까지 일본에 있을지 몰라요.

〈진주성도〉(부분).

김시민 장군 동상.

1592년 일본이 조선을 공격한 임진왜란이 일어났어요. 일본
군은 식량이 많은 전라도로 진격하려고 했어요. 그곳으로 가
는 길목에 있는 진주성은 조선 입장에서는 반드시 지켜야 하
는 곳이었어요. 일본군은 3만 명이었고 진주성을 지키는 조선
군은 3,800여 명에 불과했어요. 진주성의 총책임자인 김시민
장군은 허수아비를 세우고 노인과 여성도 군사로 변장시키는
등 탁월한 전략으로 일본군을 물리쳤어요. 하지만 안타깝게
김시민 장군은 일본군이 쏜 총에 맞아 세상을 떠났어요. 적은
병력으로 큰 승리를 거둔 이 전투를 진주대첩이라고 불러요.

진주성 전투에서 패한 일본군은 복수할 기회를 노렸어요.
다음 해인 1593년 일본군은 거의 10만 명을 동원해 진주성을
공격했어요. 조선군은 약 5,800명에 불과해 이기기 어려웠어
요. 결국 일본군이 진주성을 점령했고 성 안에 있던 백성 6만
여 명을 학살했어요. 이때 논개는 일본군 장군을 안고 남강으
로 뛰어들어 울분을 달랬어요.

임진왜란이 끝난 지 몇 년이 흐른 1604년 나라에서는 임
진왜란 때 큰 공을 세운 사람들에게 상을 주었어요. 이들을
선무공신으로 부르고 모두 18명을 뽑았는데 김시민 장군도
당당히 들어갔어요. 「김시민 선무공신 교서」에는 김시민 장
군의 업적과 자손에게 내린 포상 내용을 기록했어요. 교서는
임금이 신하나 관청에 내린 문서를 말해요. 김시민 장군에게
내린 문서지만 진주성 전투를 승리로 이끈 병사들과 백성들
의 공도 기억해야 해요.

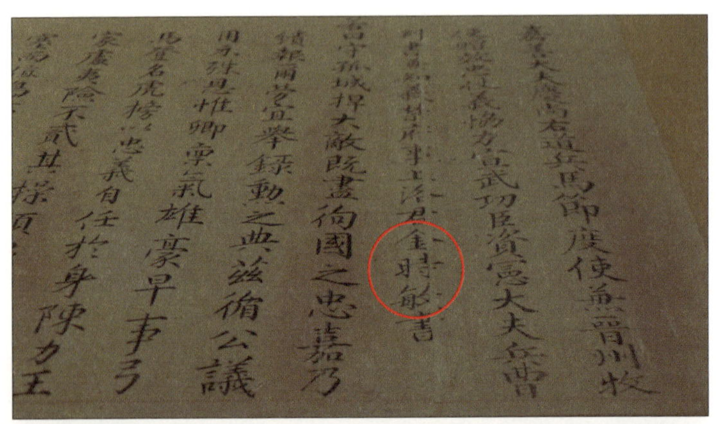

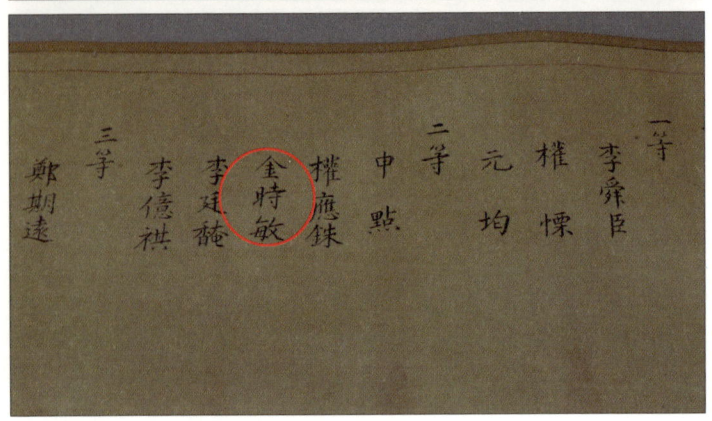

오른쪽 셋째 줄 아래에 김시민 장군의 이름이 보인다(위).
김시민은 선무공신 2등에 올랐다. 1등은 이순신, 권율, 원균이다(아래).

　이 문서는 일제 강점기에 일본인의 손에 들어갔어요. 그후 그 일본인의 후손이 일본 경매 시장에 내놓았고 한 일본인이 구입했다 2006년 다시 경매에 내놓았어요. 다행스럽게 이 문서가 「김시민 선무공신 교서」라는 사실이 알려지면서 이 문서를 찾아와야 한다는 여론이 일어났어요. 시민들과 MBC 방송이 힘을 합쳐 성금을 모아 결국 이 문서를 구입해 국내로 가져왔어요. 이 문서는 이런 우여곡절을 거쳐 진주대첩의 땅이자 김시민 장군이 목숨을 다한 진주로 와서 여러분 앞에 있는 거예요.

　한편 진주에서는 다양한 방식으로 진주대첩을 기려요. 진주에는 충무공동이라는 동네가 있는데, 김시민 장군을 기린 이름이에요. 충무공 하면 이순신 장군을 떠올리는데 김시민 장군도 나라에서 충무공이라는 이름을 내렸어요. 충무공동에는 강을 가로지르는 김시민 대교가 있어요. 진주 시민의 날이 10월 10일인데, 이는 1592년 10월 10일(음력) 일본군이 진주성을 포기하고 물러간 것을 기리기 위해 제정된 것이에요.

6 국립청주박물관

고려 금속 문화유산의 아름다움

🏛 국립청주박물관 건축

국립청주박물관은 산자락을 따라 여러 채의 건물이 마을을 이루었어요. 박물관은 한옥에서 얻은 아이디어를 바탕으로 현대적인 느낌이 들도록 지었어요. 건물을 연결하는 통로마다 유리창을 설치해 바깥 풍경을 감상하도록 했어요.

💬 박물관 소개

국립청주박물관은 주로 선사 시대부터 고려 시대까지 충청북도의 문화유산을 전시해요. 특히 금속이 역사에 끼친 영향에 초점을 맞춰 금속을 사용하기 전과 후로 전시를 나눴어요. 이 박물관에서 금속을 중요시한 건 세계 최고의 금속활자 책인 『직지』를 찍은 곳이 청주라는 점도 한몫했어요.

우리 사회의
'어린이 × 청소년' 철수와 영희, 그리고
'어른' 철수와 영희를 위한

철수와영희 도서목록

전태일의 풀빵 정신을 생각합니다

인권으로 살펴본 기후 위기 이야기
여섯 가지 인권을 주제로 살펴본 기후 위기 이야기

우리 곁에 있어야 할 법 이야기
청소년이 꼭 알아야 할 법 이야기

비상계엄을 이겨 낸 대한국민 이야기
더 나은 세상을 꿈꾸는 살아 있는 민주주의 이야기

철수와영희
전화 02-332-0815 / 팩스 02-6003-1958 / 이메일 chulsu815@hanmail.net
인스타그램 www.instagram.com/chulsu815   도서목록 발행일 2025년 9월 18일

2024 ▶ 2025

어린이 도서

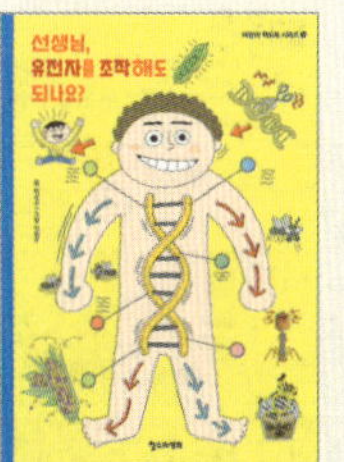

선생님, 유전자를 조작해도 되나요?
인류와 생태계를 살리는 유전자 이야기
이상수 글 | 이창우 그림
88쪽 | 13,000원

선생님, 홍범도 장군이 누구예요?
홍범도 장군과 함께 만나는 독립운동의 역사
김삼웅 글 | 홍윤표 그림
136쪽 | 15,000원

선생님, 방정환이 누구예요?
방정환 선생님과 함께 만나는 인권
배성호 글
132쪽 | 15,000원

멸종 동물 소원 카드 배달 왔어요
우리나라 멸종 위기 동물들의 생활사
윤은미 글 | 김진혁 그림
52쪽 | 16,000원

청소년 도서

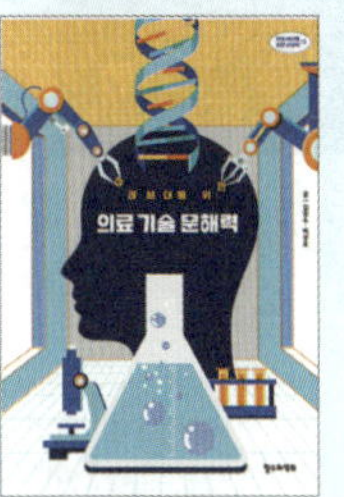

미래 세대를 위한 의료 기술 문해력
지속 가능한 미래를 만드는 의료 기술 이야기
임완수, 배성호 글
200쪽 | 17,000원

미래 세대를 위한 민주시민 이야기
안전과 행복을 위한 튼튼한 민주주의
정주진 글
196쪽 | 17,000원

골목에서 배우는 인권
골목으로 살펴본 우리 삶과 인권 현실
정석, 정병구, 이희수, 김희교, 강대중 글
192쪽 | 17,000원

비상계엄을 이겨 낸 대한국민 이야기
더 나은 세상을 꿈꾸는 살아 있는 민주주의 이야기
배성호, 주수원 글
172쪽 | 15,000원

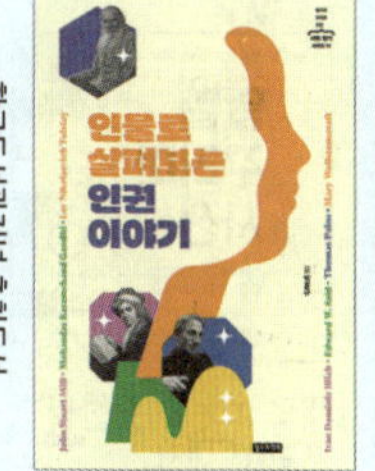

미래 세대를 위한 우리말과 문해력
우리말로 펴는 이야기꽃
최종규 글 | 나윤진 그림
148쪽 | 15,000원

내 몸과 지구를 지키는 화장품 사용 설명서
딸과 아빠가 쓴 지구를 살리는 화장품 이야기
배나린, 배성호 글
112쪽 | 15,000원

미래 세대를 위한 과학 기술 문해력
지속 가능한 미래를 만드는 과학 기술 이야기
임완수, 배성호 글
172쪽 | 15,000원

인물로 살펴보는 인권 이야기
7명의 삶과 사상에서 배우는 인권 첫걸음
박홍규 글
156쪽 | 15,000원

철수와영희 신간 도서

학교도서관사서협의회 추천도서

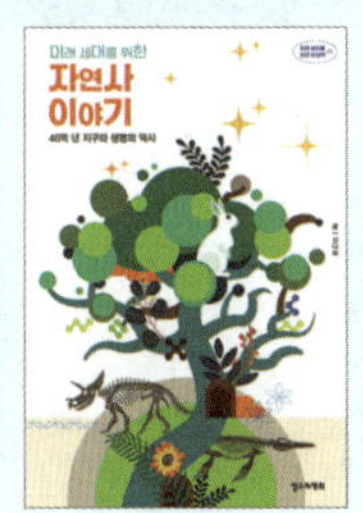

미래 세대를 위한
세계시민 이야기
인류의 미래를 함께
고민하는 세계시민
정주진 글
180쪽 | 15,000원

학교도서관저널 추천도서

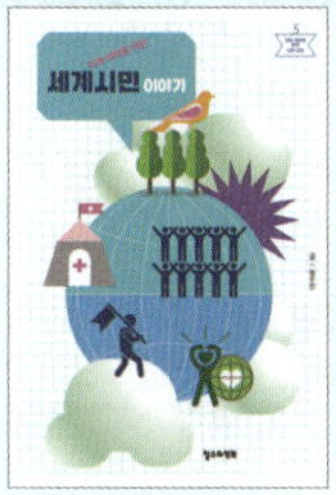

미래 세대를 위한
자연사 이야기
46억 년 지구와
생명의 역사
신나미 글
192쪽 | 15,000원

고래가숨쉬는도서관 추천도서

미래 세대를 위한
동학 농민 혁명 이야기
근현대 최초의 혁명,
동학 농민 혁명 바로 알기
김삼웅 글 | 방승조 그림
116쪽 | 13,000원

어린이도서연구회 추천도서

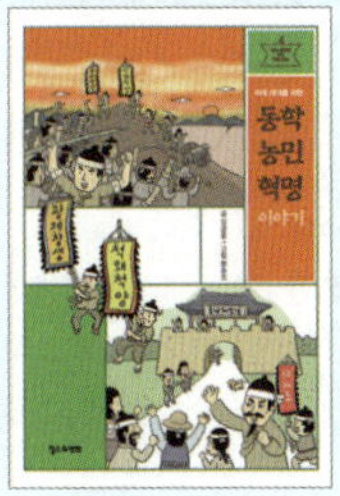

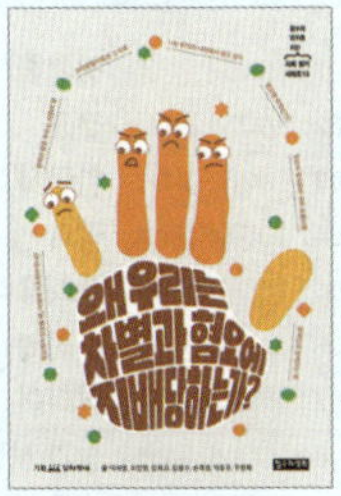

왜 우리는 차별과
혐오에 지배당하는가?
차별과 혐오를 넘어서기
위해 해야 할 일
이라영 외 6명 글
280쪽 | 18,000원

아침독서 추천도서

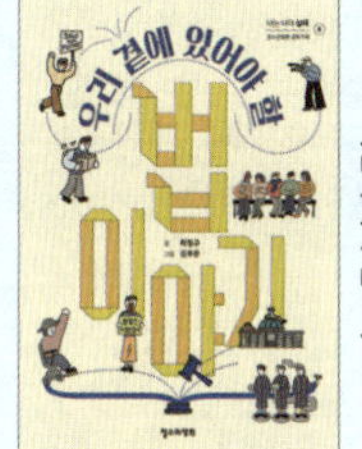

우리 곁에 있어야 할
법 이야기
청소년이 꼭 알아야 할
법 이야기
최정규 글 | 김푸른 그림
180쪽 | 15,000원

학교도서관저널 추천도서

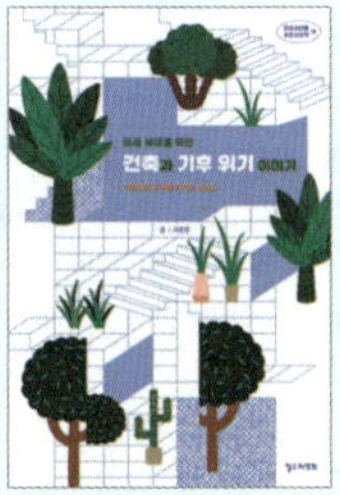

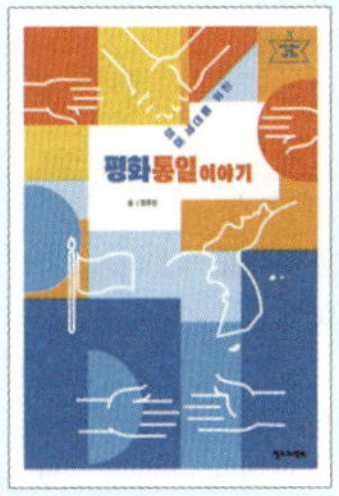

미래 세대를 위한
건축과 기후 위기 이야기
건축과 도시로 살펴보는
기후 위기 이야기
서윤영 글
152쪽 | 15,000원

아침독서 추천도서

미래 세대를 위한
평화통일 이야기
청소년이 꼭 알아야 할
평화통일 이야기
정주진 글
180쪽 | 15,000원

아침독서 추천도서

인권을 말해야 할 때
기초부터 심화까지
제대로 공부하는 '인권'
전진성 외 5명 글
224쪽 | 17,000원

어른 도서

학교도서관사서협의회 추천도서

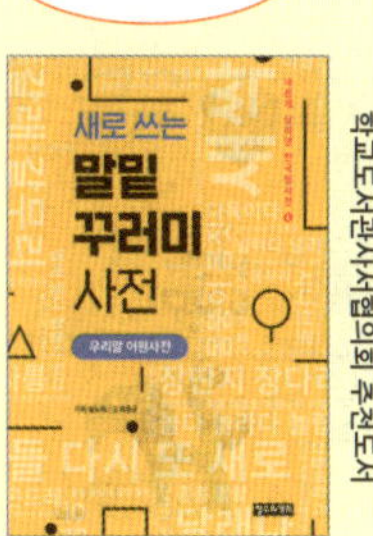

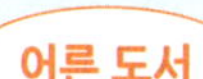

새로 쓰는 말밑
꾸러미 사전
3700가지 낱말로 엮어
새로 쓴 우리말 어원사전
최종규 글
792쪽 | 50,000원

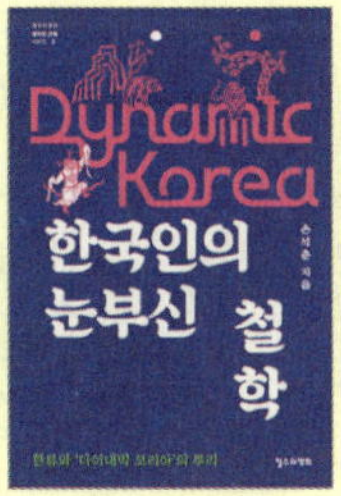

학교도서관사서협의회 추천도서

한국인의 눈부신 철학
한류와
'다이내믹 코리아'의 뿌리
손석춘 글
360쪽 | 22,000원

한국학교사서협회 추천도서

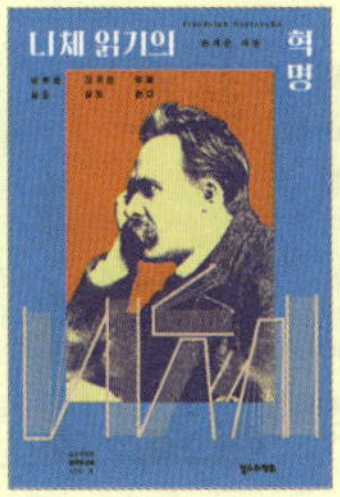

니체 읽기의 혁명
'망치를 든' 철학자
니체 새롭게 읽기
손석춘 글
296쪽 | 20,000원

학교도서관사서협의회 추천도서

서균렬 교수의
인문핵
인문학으로 본 원자핵
서균렬 글
272쪽 | 18,000원

미래 세대를 위한 상상력 시리즈

환경 · 생태 · 기후 · 과학 이야기

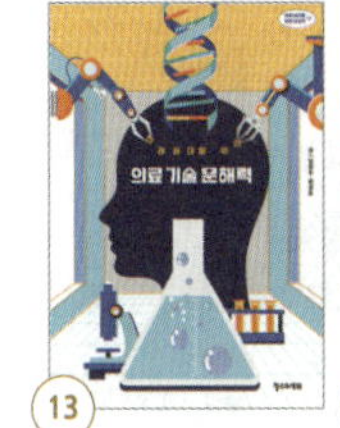

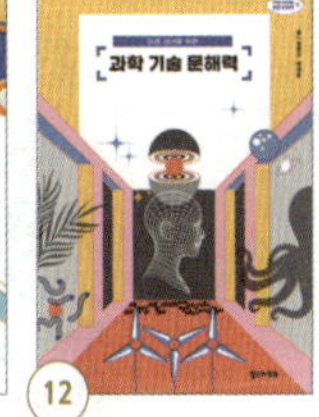

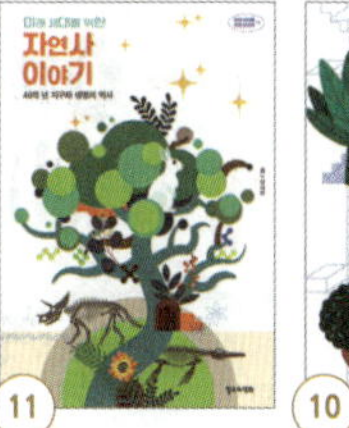

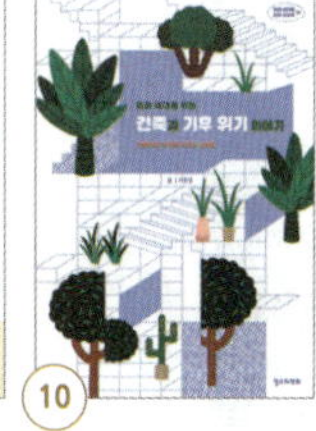

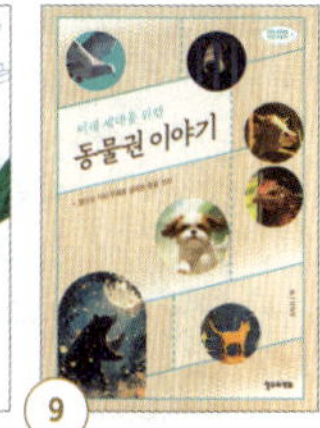

13
미래 세대를 위한
의료 기술 문해력
지속 가능한 미래를
만드는 의료 기술 이야기
임완수, 배성호 글
200쪽 | 17,000원

12
미래 세대를 위한
과학 기술 문해력
지속 가능한 미래를
만드는 과학 기술 이야기
임완수, 배성호 글
172쪽 | 15,000원
학교도서관저널 추천도서

11
미래 세대를 위한
자연사 이야기
46억 년 지구와
생명의 역사
신나미 글
192쪽 | 15,000원
학교도서관저널 추천도서

10
미래 세대를 위한
건축과 기후 위기
이야기
건축과 도시로 살펴보는
기후 위기 이야기
서윤영 글 | 152쪽 | 15,000원
아침독서 추천도서

9
미래 세대를 위한
동물권 이야기
열다섯 가지 주제로
살펴본 동물 권리
이유미 글
140쪽 | 15,000원
학교도서관저널 추천도서

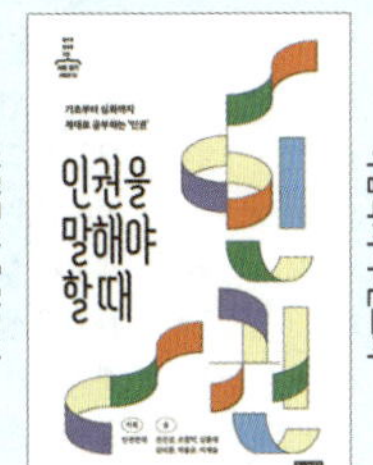

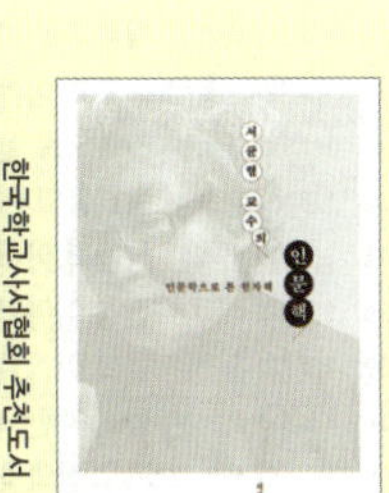

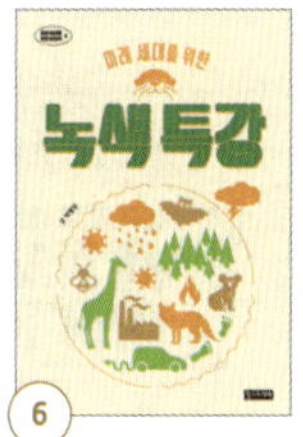

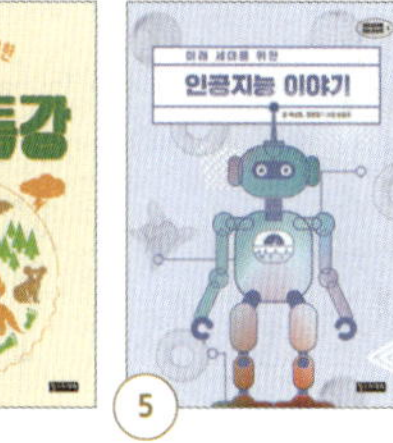

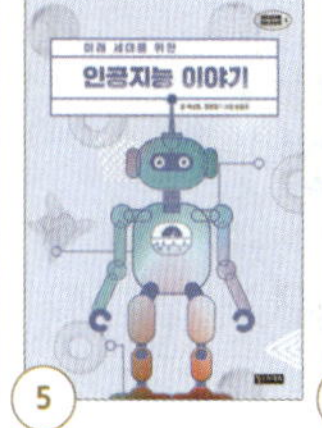

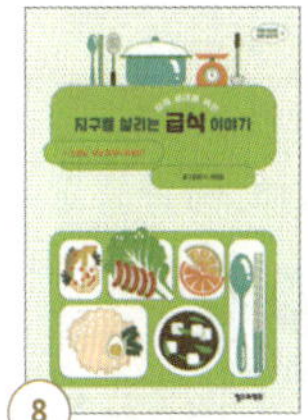

8
미래 세대를 위한
지구를 살리는
급식 이야기
우리 몸과 지구를 살리는
학교 급식 이야기
민은기, 배성호 글
132쪽 | 15,000원
학교도서관사서협의회
추천도서

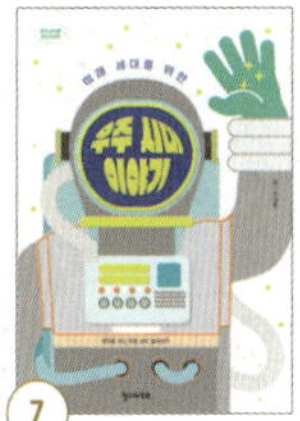

7
미래 세대를 위한
우주 시대 이야기
우주를 아는 만큼
삶이 달라진다
손석춘 글
200쪽 | 15,000원
학교도서관저널
추천도서

6
미래 세대를 위한
녹색 특강
아홉 가지 주제를 통해
살펴본 녹색 미래
박병상 글
160쪽 | 15,000원
어린이도서연구회
추천도서

5
미래 세대를 위한
인공지능 이야기
인권과 민주주의를
중심으로 살펴본
인공지능 이야기
배성호, 정한결 글
방승조 그림
160쪽 | 15000원
아침독서 추천도서

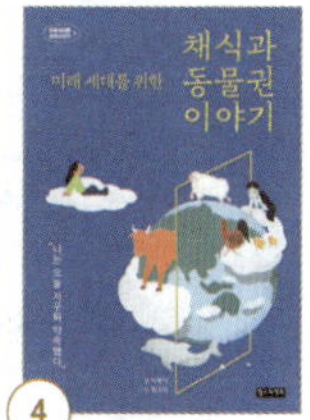

4
미래 세대를 위한
채식과 동물권
이야기
건강하고 행복한 지구를
만들기 위한 실천
이유미 글 | 장고딕 그림
160쪽 | 15,000원
학교도서관사서협의회
추천도서

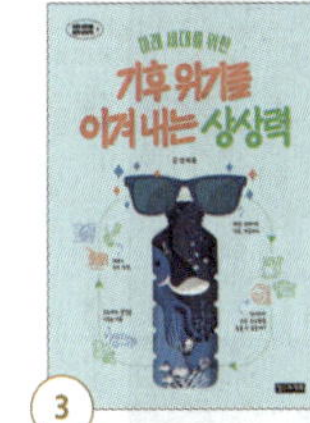

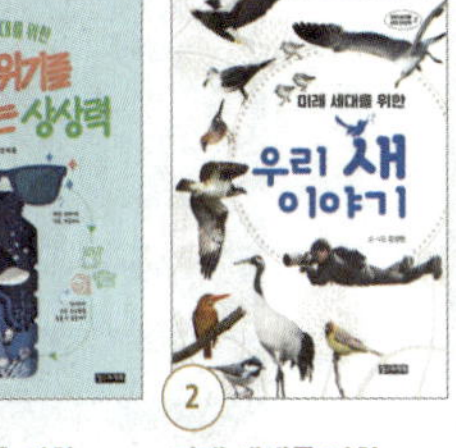

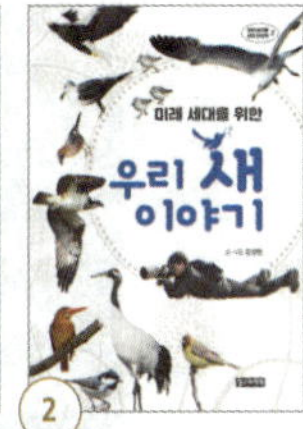

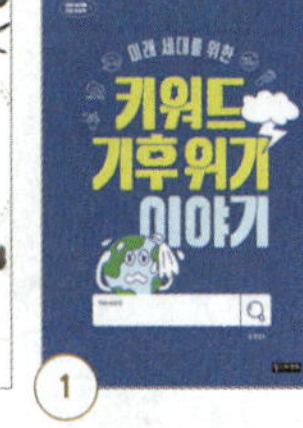

3
미래 세대를 위한
기후 위기를
이겨 내는 상상력
지구 생태계를 살리기
위한 상상력 이야기
안치용 글
180쪽 | 15,000원
인디고서원 추천도서

2
미래 세대를 위한
우리 새 이야기
170여 종의 새들과
300여 장의 사진으로
배우는 새 이야기
김성현 글
188쪽 | 18,000원
한국학교사서협회 추천도서

1
미래 세대를 위한
키워드 기후 위기
이야기
30가지 키워드로
살펴본 기후 위기 이야기
이상수 글
180쪽 | 15,000원
학교도서관사서협의회 추천도서

미래 세대를 위한
상상력 시리즈
계속
출간됩니다.

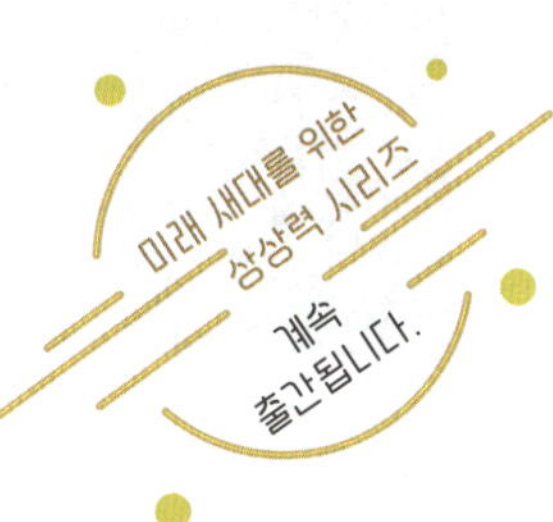

10대를 위한 책도둑 시리즈

10대를 위한 책도둑 시리즈는 계속 출간됩니다.

평화와 인권의 징검다리

45

10대와 통하는
생활 속 법률 문해력
법률 문해력과 법 공부의 맛
서창효, 서치원, 유승희, 조영신,
최정규 글 | 256쪽 | 17,000원

44

10대와 통하는
영화 이야기
상상이 현실이 되는
교과서 밖 영화 세상기
이지현 글 | 244쪽 | 15,000원

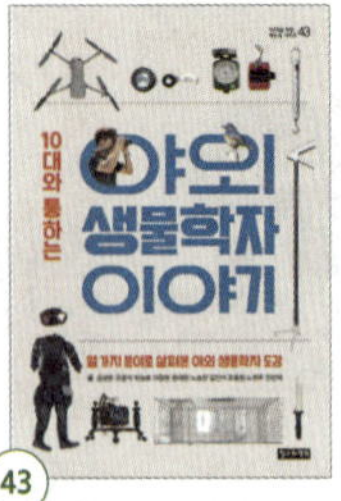

43

10대와 통하는
야외 생물학자 이야기
열 가지 분야로 살펴본
야외 생물학자 도감
김성현 외 9인 글 | 264쪽 18,000원

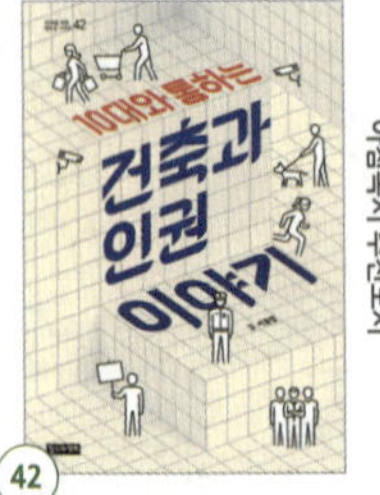

42

10대와 통하는
건축과 인권 이야기
건축으로 살펴본 프라이버시권,
거주권, 생활권, 도시권
서윤영 글 | 208쪽 | 14,000원

41

10대와 통하는
세계사 이야기
미디어 혁명을 중심으로
살펴본 세계의 역사
손석춘 글 | 300쪽 | 16,000원

40

10대와 통하는
채식 이야기
세상을 바꾸는 밥상, 채식
이유미 글 | 212쪽 | 14,000원

39

10대와 통하는
기후 정의 이야기
정의롭게 극복하는
기후 위기 이야기
권희중, 신승철 글 | 204쪽 | 13,000원

38

10대와 통하는
법과 재판 이야기
정의로운 세상을
만들기 위한 법 이야기
이지현 글 | 204쪽 | 13,000원

37

10대와 통하는
철학 이야기
생각의 근육을 키우는
청소년을 위한 철학 이야기
손석춘 글 | 264쪽 | 14,000원

어린이 책도둑 시리즈

쉽고 재미있는 인문·사회·생태·과학

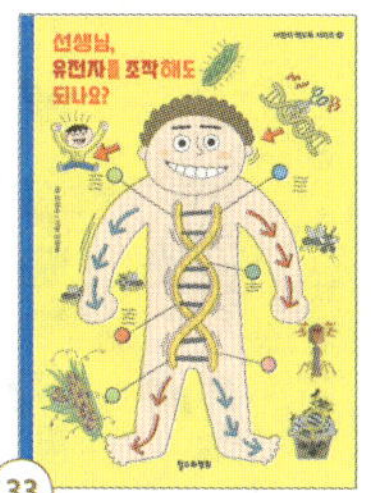

33
선생님, 유전자를 조작해도 되나요?
인류와 생태계를 살리는 유전자 이야기
이상수 글 | 이창우 그림
88쪽 | 13,000원

32
선생님, 난민은 왜 생기나요?
우리가 꼭 알아야 할 난민 이야기
김미조 글 | 홍윤표 그림
112쪽 | 13,000원

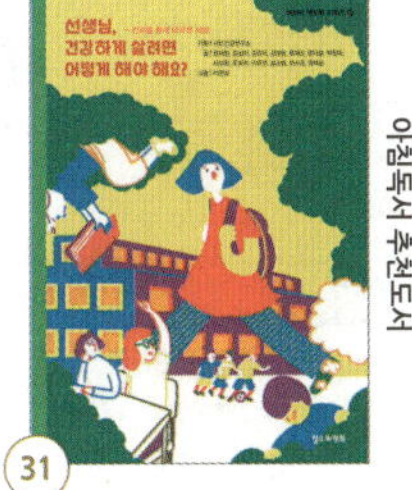

31
선생님, 건강하게 살려면 어떻게 해야 해요?
우리가 꼭 알아야 할 건강 이야기
권세원 외 12인 글 | 이연정 그림
120쪽 | 13,000원

30
선생님, 생태계를 지키려면 어떻게 해야 해요?
우리가 꼭 알아야 할 생태계와 기후 위기
이상수 글 | 방승조 그림
132쪽 | 13,000원

29
선생님, 노동을 즐겁게 하려면 어떻게 해야 해요?
모두가 존중받으며 즐겁게 일하는 세상
이승윤 글 | 소경섭 그림
128쪽 | 13,000원

28
선생님, 친일파가 뭐예요?
우리가 꼭 알아야 할 친일파 청산 이야기
김삼웅 글 | 방승조 그림
112쪽 | 13,000원

27
선생님, 탄소 중립을 이루려면 어떻게 해야 해요?
나부터 실천하는 '탄소 중립' 이야기
최원형 글 | 백두리, 장고딕 그림
112쪽 | 13,000원

26
선생님, 쓰레기는 왜 생기나요?
일상에서 실천하는 '제로웨이스트' 이야기
최원형 글 | 홍윤표 그림
140쪽 | 13,000원

25
선생님, 노동법이 뭐예요?
서로 존중하며 일하는 세상을 위해 알아야 할 노동 이야기
이수정 글 | 홍윤표 그림
136쪽 | 13,000원

정치·역사·법·통일 이야기

더불어 사는 삶을 위한 인권과 민주주의

7

미래 세대를 위한 민주시민 이야기
안전과 행복을 위한
튼튼한 민주주의
정주진 글
196쪽 | 17,000원

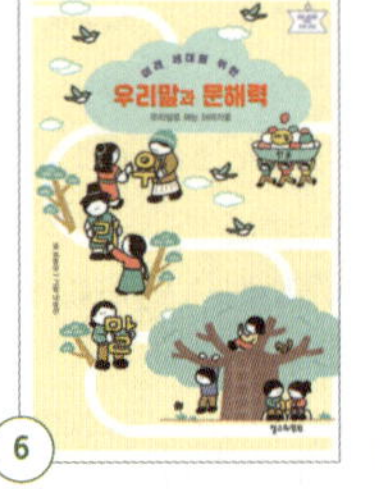

6

미래 세대를 위한 우리말과 문해력
우리말로 펴는 이야기꽃
최종규 글 | 나유진 그림
148쪽 | 15,000원

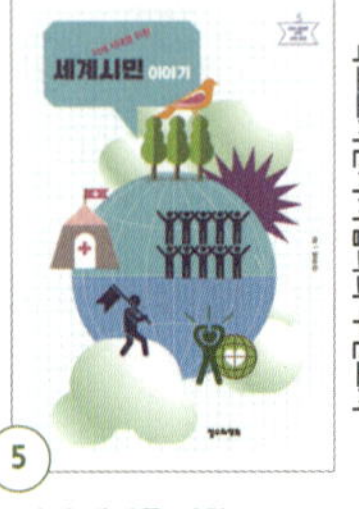

5

미래 세대를 위한 세계시민 이야기
인류의 미래를 함께
고민하는 세계시민
정주진 글 | 180쪽 | 15,000원

4

미래 세대를 위한 동학 농민 혁명 이야기
동학 농민 혁명 바로 알기
김삼웅 글 | 방승조 그림
116쪽 | 13,000원

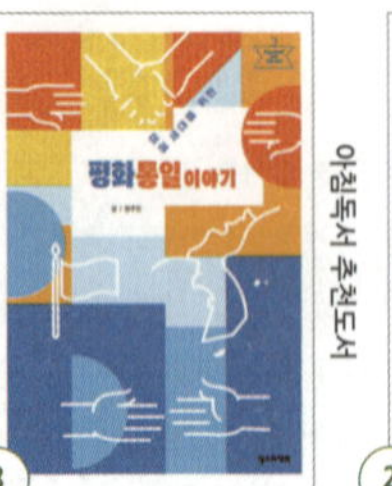

3

미래 세대를 위한 평화통일 이야기
청소년이 알아야 할
평화통일 이야기
정주진 글 | 180쪽 | 15,000원

2

미래 세대를 위한 법 이야기
행복하고 평등한
세상을 위한 법 이야기
이지현 글 | 180쪽 | 15,000원

1

미래 세대를 위한 건축과 국가 권력 이야기
건축으로 살펴보는
세계 근현대사와 국가 권력
서윤영 글 | 216쪽 | 15,000원

10대를 위한 인문학 특강 시리즈

교과서 밖
평등
평화
인권

9

이상수의 청소년 에너지 세계사 특강
이상수 글 | 236쪽 | 14,000원

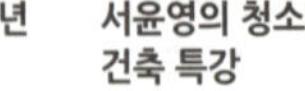

8

권은중의 청소년 한국사 특강
권은중 글 | 272쪽 | 15,000원

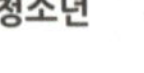

7

서윤영의 청소년 건축 특강
서윤영 글 | 180쪽 | 13,000원

5

정주진의 평화 특강
정주진 글 | 240쪽 | 14,000원

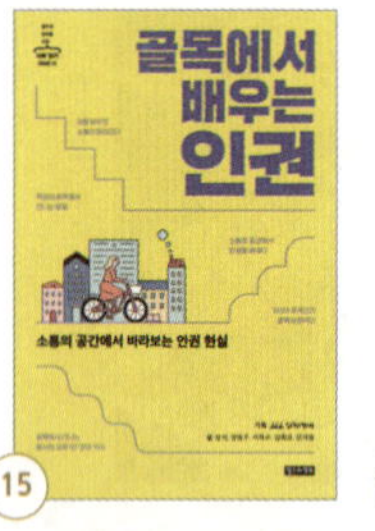

15

골목에서 배우는 인권
골목으로 살펴본
우리 삶과 인권 현실
정석, 정범구, 이희수,
김희교, 강대중 글
192쪽 | 17,000원

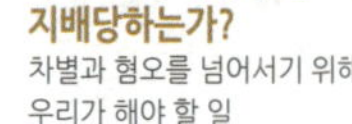

14

인물로 살펴보는 인권 이야기
7명의 삶과 사상에서
배우는 인권 첫걸음
박홍규 글
156쪽 | 15,000원

13

왜 우리는 차별과 혐오에 지배당하는가?
차별과 혐오를 넘어서기 위해
우리가 해야 할 일
이라영, 오인영, 김희교, 김형수,
손희정, 박홍규, 구정화 글
280쪽 | 18,000원

12

인권을 말해야 할 때
기초부터 심화까지
제대로 공부하는 '인권'
전진성, 오창익, 김종대,
김비환, 박홍규, 이재승 글
224쪽 | 17,000원

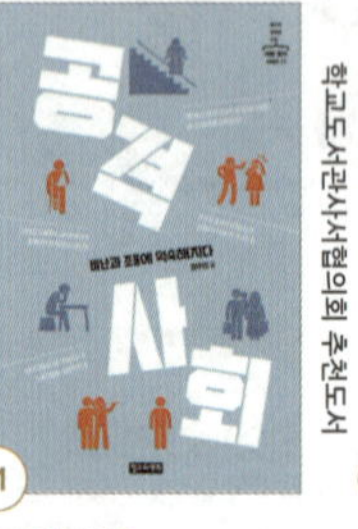

11

공격 사회
비난과 조롱에
익숙해지다
정주진 글
248쪽 | 17,000원

10

평화의 눈으로 본 세계의 무력 분쟁
무력 분쟁으로 살펴본
세계 시민의 역할
정주진 글
272쪽 | 17,000원

9

정의의 길, 역사의 길
10대에게 들려주는 정의론
김삼웅 글
168쪽 | 12,000원

8

새내기 노동인 ㄱㄴㄷ
일터에서 씩씩하게
살아갈 무기
손석춘 글
256쪽 | 14,000원

철수와 영희를 위한 사회 읽기 시리즈는 계속 출간됩니다.

⭐ 대표 문화유산

신라에게 나라를 뺏긴 백제 사람들의 소원을 담아 부처를 새긴 비석들, 우아한 통일신라 범종인 청주 운천동 출토 동종, 『직지』를 찍은 흥덕사를 찾도록 도와준 '흥덕사'가 새겨진 쇠북, 가장 오래된 고려 시대 먹인 청주 명암동 출토 '단산오옥' 명 고려 먹과 '제숙공처'가 새겨진 젓가락을 만날 수 있어요.

🙂 내가 누구냐면

나는 청주의 운천동이라는 동네에서 나온 범종(절에 있는 종)에 있는 비천이야. 비천은 하늘을 날며 악기를 연주하거나 꽃을 뿌려 부처님을 받드는 존재야. 어디선가 악기 소리가 들리지 않니? 내가 비파라는 악기를 들고 최선을 다해 연주하고 있거든. 이 범종에는 나를 포함해 모두 14명의 내 동료들이 있으니까 범종을 만나면 찾길 바라.

청주 운천동 출토 동종 비천.

큐레이터 한 줄 평

사뇌사 출토 금속 유물 전시실.

 **여기는 꼭 둘러봐**

1993년 청주를 가로지르는 무심천 변에서 480여 점의 고려 시대 금속 유물이 한꺼번에 발견되었어요. 사뇌사라는 절에 있던 것으로 외적의 침입 등 급박한 사정으로 땅속에 묻었다 가 잊힌 거예요. 국립청주박물관 미술실에는 이 유물을 대규 모로 전시해 당시 절에서 어떤 물건을 사용했는지 자세히 보 여 줘요.

죽은 아들이 쓰던 먹을 무덤에 넘었다고요?

고려의 숟가락과 젓가락.

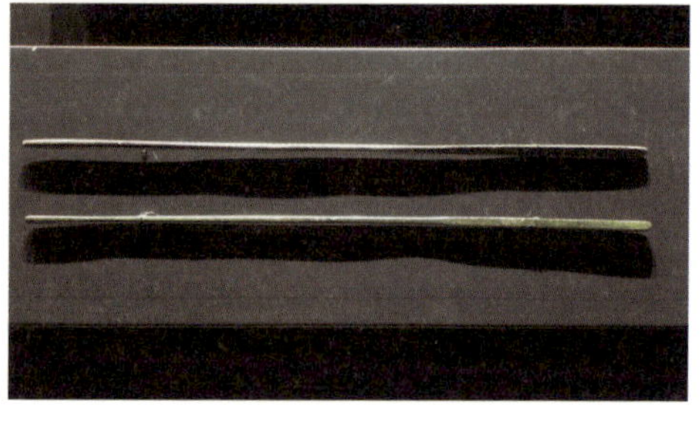

'제숙공처'가 새겨진 젓가락.

조명이 밝지 않아 자세히 보이지는 않지만 거기에는 점으로 글자를 새겼어요. 내용은 제숙공이라는 사람의 아내가 죽은 아들을 위해 젓가락을 만들었다는 거예요. 이 젓가락은 살아 있는 사람이 아니라 죽은 아들을 위해 어머니가 준비한 것이었어요.

이 젓가락은 국립청주박물관 근처에 있는 고려 시대의 무덤에서 발견되었어요. 무덤에서는 젓가락과 함께 가위, 동전, 먹(청주 명암동 출토 '단산오옥' 명 고려 먹)이 같이 나왔어요. 이때 발견된 먹에는 '단산오(丹山烏)'라는 글자가 있고 그 아랫부분은 닳아서 한 글자가 사라졌어요. 사라진 글자는 '옥(玉)' 자로 추정하고 있어요. 단산은 단양의 옛 이름이고, 오옥은 먹을 뜻하니까 '단산오옥'은 단양에서 만든 먹이라는 뜻이에요. 단양에서는 고려 시대와 조선 시대에 걸쳐 가장 뛰어난 먹을 생산했어요. 무덤의 주인공은 최고급 먹을 쓸 정도로 부유했을 거예요.

무덤에서 발견된 먹은 아랫부분이

단산오옥(앞면).   단산오옥(뒷면).

닳아서 사라졌어요. 제숙공 부부의 아들은 이 먹을 갈아 글 공부를 열심히 했을 거예요. 어쩌면 부부는 아들이 과거에 합격해 훌륭한 관리가 되어 집안을 빛내 줄 거라고 기대를 걸었을지 몰라요. 철저하게 신분에 따라 관리를 뽑은 통일신라와는 달리 고려 시대에는 일정한 신분 이상인 사람은 과거 시험을 통해 관리가 될 수 있었거든요. 신분뿐 아니라 능력도 중요한 시대가 된 거지요.

그러나 제숙공 부부의 아들은 꿈을 이루지 못했을 거예요. 병이나 사고 혹은 다른 이유로 세상을 떠난 것 같아요. 어머니는 피 끓는 마음으로 아들의 무덤에 아들이 글공부를 할 때 쓴 먹을 같이 넣었을 거예요. 아들이 다른 세상에 가서 굶지 않고 잘 먹을 수 있도록 애석한 마음을 모아 젓가락을 만들고 글씨를 새겨 먹과 함께 놓았을 테지요.

애틋한 사연이 담긴 이 먹은 우리나라에서 가장 오래된 고려 시대 먹이에요. 또 먹의 품질이 뛰어나고 먹에는 글씨까지 새겨져 있어요. 이런 중요성 때문에 2015년 보물로 지정되었습니다.

조각난 쇠북이 흥덕사를 찾는 결정적 단서였다고요?

'흥덕사'가 새겨진 쇠북.

먼저 발견한 쇠북 조각.

나중에 찾은 쇠북과 새겨진 글씨.

사물놀이에서 사용되는 징처럼 생긴 유물이에요. 가운데에는 연꽃이, 주위에는 풀 무늬가 보여요. 이 유물은 절에서 밥 먹을 시간을 알려 주거나 사람들을 모을 때 사용한 쇠북이에요. 옆면 세 곳에 달린 동그란 고리에 끈을 넣어 쇠북을 고정시켰어요. 그런데 쇠북의 위쪽에서 떨어져 나간 조각은 아래쪽에 전시되었어요. 아래쪽에 덩그러니 놓인 쇠북 조각은 흥덕사를 찾는 결정적인 단서가 되었어요.

1983년부터 한 기관에서 청주의 운천동 일대를 개발하기 시작했어요. 1985년 문화유산이 있는 이 일대가 공사로 파괴되자 더 이상의 피해를 막기 위해 긴급히 발굴을 시작했어요. 발굴을 진행하자 절터가 있던 흔적이 속속들이 모습을 드러냈어요. 발굴이 끝날 즈음 깨진 쇠북 조각(아래쪽에 전시된 것)이 발견되었어요. 이 쇠북 조각에는 글자가 있었는데, 이 글자를 본 사람들은 깜짝 놀랐어요.

　　　"甲寅五月日西原府興德寺禁口壹坐"
　　　(갑인오월일서원부흥덕사금구일좌)

흥덕사라니! 세계 최고의 금속활자 책인 『직지』의 끝부분에 1377년 청주의 흥덕사에서 금속활자를 만들어 책을 찍었다는 기록이 있어요. 그동안 흥덕사가 청주에 있었다는 건 알았지만 그곳이 어디인지 찾지 못했거든요. 이곳이 흥덕사 터로 확인되면서 개발은 멈췄고 이듬해에는 사적으로 지정되어 안전하게 보존되었어요. 사적은 절터 같은 문화유산, 기념할 만한 지역이나 시설물 가운데 더욱 중요한 곳을 말해요. 깨진 쇠북의 나머지 부분(위쪽에 전시된 것)도 발견되어 오랜 시간 헤어져 있던 쇠북은 제짝을 이뤘어요. 나머지 쇠북에도 "改造 入重參拾貳斤印(개조입중삼십이근인)"이라는 글자가 새겨졌어요. 두 쇠북의 글자를 모두 이으면 "갑인년 5월 서원부 흥덕사에서 금구 하나를 다시 만들었는데, 들어간 구리의 무게가 32근이다."라는 뜻이에요. 갑인년은 고려 광종 시기인 954년으로 추정하고 있어요.

『직지』의 원래 이름은 '백운화상초록불조직지심체요절'이에요. 『직지』는 상권과 하권의 두 권인데 조선 말 프랑스 사람이 『직지』 하권을 구입해 프랑스로 갔고 그 후 프랑스국립도서관으로 들어갔어요. 상권은 아직 행방을 몰라요. 오랫동안

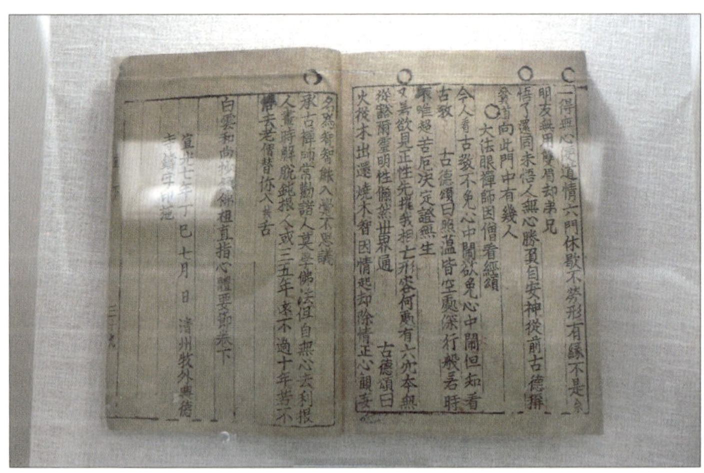

『직지』(복제품).

흥덕사 터.

이 책의 가치를 몰랐다가 이 도서관에서 일하던 박병선 선생이 세계 최고의 금속활자 책이라는 걸 밝혀내 세상에 진면목을 드러냈어요. 그 후 2001년 유네스코 세계기록유산으로 등재되었어요.

현재 흥덕사 터에 가면 복원한 탑과 건물을 만날 수 있어요. 그 옆에는 『직지』와 옛 인쇄 문화를 연구하고 전시하는 청주고인쇄박물관이 세워졌어요. 한때 청주시와 시민 단체에서는 『직지』 상권을 찾는 운동을 벌였고, 청주시에서는 해마다 직지문화축제를 열고 있어요.

7 국립춘천박물관

우리들의 얼굴을 만나러 가는 길

국립춘천박물관 건축

국립춘천박물관 건물은 길쭉한 사각형으로 단단해 보여요. 내부에는 7개의 전시실이 있어요. 박물관 로비에는 햇빛이 골고루 들어와 쾌적하고 여러 곳에 편안히 쉴 수 있는 자리가 마련되어 있어요.

박물관 소개

강원도에는 아름다운 자연뿐 아니라 오랜 역사와 문화를 담은 뛰어난 문화유산이 많아요. 이걸 한눈에 볼 수 있는 곳이 국립춘천박물관으로 주로 선사 시대부터 조선 시대의 유물을 전시했어요. 강원도에서 가장 먼저 어린이박물관이 생긴 곳도 이곳이에요.

큐레이터 한 줄 평

 **대표 문화유산**

뛰어난 통일신라 범종으로 한국전쟁 때 손상된 선림원 동종, 고려의 불교 문화를 대표하는 강릉 한송사지 석조보살좌상, 친근한 얼굴의 창령사 터 오백나한, 조선 시대 안타까운 죽음을 맞은 단종과 그 부인인 정순왕후의 도장, 화천군의 경치를 아름답게 그린 그림을 모은 《곡운구곡도첩》을 만날 수 있어요.

 **내가 누구냐면**

나는 강릉의 한송사라는 절에 있던 보살이야. 보살은 조금 더 노력하면 부처님이 되는 존재지. 내 얼굴이며 손은 돌로 만들었지만 굉장히 섬세해. 사람들은 내 은은한 미소를 보고 근심, 걱정을 잊곤 했어. 일제 강점기 때 내게 눈독을 들인 일본인 때문에 억지로 일본으로 갔다가 다행히 해방 이후 돌아왔단다.

강릉 한송사지 석조보살좌상.

실감영상카페.

 **여기는 꼭 둘러봐**

국립춘천박물관 중앙은 커다란 원통처럼 생겼어요. 이 안으로 들어가면 맛난 음료를 마시고 편하게 쉴 수 있는 카페가 나와요. 카페 위쪽의 가로 28미터의 긴 화면에는 강원도를 대표하는 관동팔경과 창령사 터 오백나한 등 강원도의 자연과 문화유산을 소재로 만든 실감나는 영상이 상영되고 있어요.

내 얼굴을 닮은 불상이 있다고요?

창령사 터 오백나한.

전시실 안에 돌로 만든 조각들이 이곳저곳에 늘어섰어요. 자세히 보면 모두 사람이에요. 활짝 웃고 은은하게 미소 짓고 곰곰이 생각하고 심지어 버럭 화내는 얼굴까지 다양한 표정을 했어요. 그중에서 분명 여러분과 닮은 얼굴도 찾을 수 있을 거예요. 모두 우리의 얼굴이고 우리 주위에서 만나는 얼굴이에요. 이들은 부처의 제자인 나한으로 모두 500명이 있다고 해서 오백나한이라고 불러요. 이 상들은 불교의 나라 고려 때 만들었어요.

2002년 5월이었어요. 영월에 사는 한 마을 주민이 작은 절을 세우려고 자신의 땅을 팠어요. 쉽게 팔 줄 알았는데 땅속에서 돌이 나온 거예요. 자세히 보니까 그냥 돌이 아니라 사람의 모습을 했어요. 깜짝 놀라 더 파 보니까 이런 돌들이 수없이 많았어요. 그는 문화유산이 나왔다고 관계 당국에 신고를 했고 그 후 발굴이 이루어졌어요. 발굴 결과 이곳에 창령사라는 절이 있었다는 걸 알았고 땅속에서 모두 317점에 이르는 문화유산을 찾았어요.

그런데 멀쩡한 건 64점이었고 나머지는 이리저리 깨졌어요. 머리는 118점, 몸은 135점이었어요. 창령사에 있던 나한상은 왜 이렇게 깨졌을까요? 조선 시대에는 유교를 존중하고 불교를 얕보는 숭유억불 정책을 펼쳤어요. 아마 유교를 제일이라고 여기고 불교를 무시했던 사람들이 나한상을 깨 버린 것 같아요. 깨진 나한상 가운데 오랜 노력으로 얼굴과 몸을 맞춰 제 모습을 찾은 것도 있어요.

창령사 터에서 나온 오백나한은 고려 사람들뿐 아니라 우리들에게도 친근해요. 엄숙하고 근엄하고 진지한 모습 대신 장난쳐도 받아줄 것 같은 인상

이에요. 부처가 엄숙한 데 비해 나한은 스님들이기 때문에 다양한 표정으로 만들 수 있었어요. 이 박물관에서 창령사 터 오백나한 특별전이 열렸는데 큰 인기를 얻었어요. 이 전시는 다른 박물관에서도 열렸고 멀리 호주에서도 열려 호주 사람들까지 감동시켰어요. 박물관은 오백나한을 박물관의 대표 브랜드로 정하고 따로 전시실까지 만들었어요.

고려 사람들은 불교의 힘으로 나라의 위기를 극복할 수 있다고 믿었어요. 그들은 깊은 두메산골에서 어렵게 돌을 모으고, 정성스럽게 깎아 무려 500명의 나한을 만들면서 나라를 위해 기도했을 거예요.

강원도에서 죽은 조선의 왕이 있다고요?

손잡이가 거북이 모양인 도장이에요. 금빛이 반짝거리고 크기가 큰 것으로 보아 보통 도장이 아닐 거예요. 이름은 바닥에 큼지막하게 한문으로 새겨졌어요. 비슷한 모양의 도장이 두 개인데 한 사람이 아니라 두 사람 것이에요. 왼쪽 도장의 주인은 조선의 왕 단종, 오른쪽 도장의 주인은 그의 부인인 정순왕후예요. 그런데 그들은 이 도장을 살아 있을 때 본 적이 없어요.

단종 어보(위).   정순왕후 어보(아래).

단종의 아버지는 문종, 할아버지는 세종이었어요. 문종이 39세에 떠나자 단종은 12세에 왕위에 올랐어요. 그런데 삼촌이었던 수양대군(훗날 세조)은 단종을 도와주는 신하들을 죽이고 자신이 권력을 장악했어요. 그리고 얼마 지나지 않아 수양대군의 기세에 눌린 단종은 왕위를 수양대군에게 넘기고 자신은 왕위에서 물러나 힘없는 상왕이 되었어요. 왕이 된 세조가 단종을 걸림돌로 여기던 때 단종을 왕으로 복귀시키려는 시도가 있었어요. 결국 이 일은 실패하고 단종은 상왕에서 노산군으로 강등되어 강원도 영월로 유배를 떠났어요. 단종은 1457년 유배지에서 17세의 나이로 죽임을 당했어요.

한참 시간이 흐른 후 노산군이 억울하게 죽었으니 이제라도 왕으로 대우해야 한다는 의견이 일어났어요. 숙종은 노산군을 노산대군으로 올린 후 다시 1698년에는 왕으로 높여 줬어요. 이때는 단종이 세상을 떠나고 240여 년이 지난 후였어요. 무덤도 왕릉에 걸맞도록 시설을 갖추고 장릉이라고 이름 붙였어요. 때문에 장릉은 조선의 왕릉 가운데 유일하게 강원도에 있어요. 장릉에는 단종에게 충성을 받쳤던 신하 268명을 제사지내는 장소인 배식단이 있는데, 이런 시설은 왕릉 가운데 장릉이 유일해요.

왕의 위상에 걸맞은 도장도 만들었어요. 이 도장은 왕이 살아 있을 때 결재를 하는 도장인 국새와는 달라요. 이 도장을 어보라고 하는데, 어보는 왕이나 왕비가 세상을 떠난 후 만

강원도 영월에 있는 장릉(위).   경기도 남양주에 있는 사릉(아래).

든 의례용 도장이에요. 실제로 사용하지는 않고 왕실 사당인 종묘에 보관했어요. 도장이 크고 무거운 건 이런 이유가 있던 거예요.

정순왕후는 단종과 채 3년도 같이 살지 못했고 단종이 영월로 유배를 떠난 후 다시는 볼 수 없었어요. 그는 한양 근처 절에서 생활했는데, 남편이 그리울 때면 언덕에 올라 영월이 있는 동쪽을 바라보았다고 해요. 단종이 죽은 후에도 64년을 더 살아 82세에 세상을 떠났어요. 단종이 왕으로 높여지면서 그도 왕비가 되었고 무덤도 사릉이라는 이름을 얻었어요. 단종처럼 왕비의 어보도 만들어졌고요.

단종과 정순왕후는 살았을 때나 죽은 후에나 서로 멀리 떨어져 있어요. 그렇지만 그들의 어보는 오랫동안 헤어져 있던 걸 만회라도 하는 듯 박물관에서 사이좋게 전시되어 있습니다.

사진 출처와 페이지

경주시청	71
국가유산청	59, 100, 146, 222
국립고궁박물관	177
국립광주박물관	145, 147, 148, 149, 150, 151
국립김해박물관	139
국립나주박물관	125
국립대구박물관	162(상)
국립문화유산연구원(한석홍)	84
국립익산박물관	112
국립제주박물관	179, 180, 181
국립중앙박물관	16, 18, 21, 44, 54(상), 56, 60, 64, 65, 66, 107, 152, 153, 163, 164, 186, 220
국립진주박물관	194(하)
박찬희	13, 15, 36, 45, 47, 63, 68, 72, 73, 74, 76, 77, 78, 80, 81, 82, 85, 87, 89, 90, 91, 92, 94, 95, 96, 97, 99, 101, 103, 104, 105, 106, 108, 109, 111, 113, 114, 115, 116, 117, 118, 119, 120, 121, 131, 132, 133, 134, 136, 138, 140, 141, 155, 156, 157, 158, 160, 161, 162(하), 167, 168, 169, 170(우), 171, 172, 174, 176, 187, 189, 190, 191, 192, 193, 194(상), 196, 198, 201, 202, 203, 204, 205, 207, 208, 210, 211, 213, 214, 215, 216, 217, 218, 219
배성호	11, 12, 19, 33, 35, 38, 40, 42, 54(하), 58, 62
어진박물관	170(좌)
위키백과	102, 175
제주특별자치도 세계유산본부	182, 183, 184
주수원	123, 124, 126, 127, 128, 129
지태민	53